ÉMILE COUTURIER.

LA GRAMMAIRE

POPULARISÉE.

ROCHEFORT
IMPRIMERIES MERCIER ET DEVOIS, RUE DES FONDERIES, 72.

1865.

LA GRAMMAIRE POPULARISÉE.

GRAMMAIRE DU **Travailleur**, DU **Marin**, DU **Soldat...**,
OUVRAGE EN TROIS PARTIES :
L'ORTHOGRAPHE, LA RÉDACTION, LE STYLE,

Par Émile COUTURIER,
Sous-agent administratif de la marine.

PREMIÈRE PARTIE :

L'ORTHOGRAPHE.

Deuxième Édition.

« L'instruction publique mérite toute notre sollicitude. Dans le pays du » suffrage universel, tout citoyen doit savoir lire et écrire. »

L'EMPEREUR.

« Le maître d'école doit travailler au monnayage de la science... Tôt ou » tard la splendide question de l'instruction universelle se posera avec l'ir» résistible autorité du vrai absolu. »

VICTOR HUGO.

« Par les réformes sociales de 1789, les ouvriers ont conquis la liberté » du travail ; par leurs efforts pour s'instruire, ils conquerront la liberté de » l'intelligence. Leurs ennemis les plus redoutables sont l'ignorance, les « préjugés. Qu'ils fassent la lumière dans leurs esprits. Ils connaîtront mieux » leurs intérêts, et l'âme de la nation s'élèvera. »

DURUY, ministre de l'instruction publique.

« Je vois un mouvement qui se produit de toutes parts pour déclarer la » guerre à l'ignorance. La diffusion de la science est la part de gloire de » notre siècle. Qu'il n'y ait plus parmi nous d'ignorants que ceux qui le » seront par leur faute. »

JULES SIMON.

ROCHEFORT
IMPRIMERIES MERCIER & DEVOIS, RUE DES FONDERIES, 72.

1865.

Aperçu du plan de ce nouveau travail grammatical, et des avantages qu'il offre aux personnes pour qui il a été spécialement fait.

Après avoir enseigné la langue française pendant plus de quinze ans, particulièrement à des adultes, j'ai la conviction que les élèves éloignés par leurs occupations journalières d'un travail habituel de l'esprit, ne prennent goût à l'étude de leur langue, que si on leur inculque les principes développés dans les grammaires, en les entretenant des choses qui leur sont familières, en s'abstenant d'un langage hérissé de termes grammaticaux, et surtout en ne négligeant pas de leur faire part des moyens avantageux révélés par la pratique.

Le professeur qui, s'il y a lieu, agit ainsi, rend promptement un élève capable d'éviter des fautes graves et sans nombre. Cependant combien de personnes, pour divers motifs, sont désireuses de pouvoir étudier seules ; elles cherchent alors à utiliser les livres spéciaux ; mais ne se trouvant qu'en présence d'un langage tout nouveau pour elles, et de déductions compliquées, elles se rebutent, abandonnent l'étude à peine commencée, et perdent ainsi un moyen des plus efficaces d'améliorer leur avenir.

J'ai cherché à faire un travail grammatical qui ne produisît pas sur l'étudiant que je spécifie, le même effet que les livres usités, si bien établis d'ailleurs sous le rapport scientifique.

Pour cela, je me suis placé à un point de vue tout particulier, et c'est de ce point de vue que sont résultées la nouveauté, la concision, la clarté de l'œuvre : j'ai considéré principalement l'homme qui, étant occupé de travaux manuels, et arrivé à l'âge adulte sans connaître rien de la grammaire, — veut faire, par lui-même, une large et fructueuse excursion dans le domaine de cette science, et qui, conséquemment, ne doit y rencontrer que des démonstrations lucides et judicieusement graduées.

II.

Comme une personne dans ces conditions a besoin, avant tout, d'apprendre les règles établies pour représenter les mots avec toutes leurs lettres, quels que soient les cas dans lesquels ils sont employés, ce sont ces règles que j'ai d'abord groupées dans environ quatre-vingts pages, tandis que, dans les grammaires, elles sont disséminées dans plusieurs centaines; non-seulement elles s'y trouvent disséminées, mais elles y sont développées, comme je l'ai déjà dit, par des explications savantes et hérissées de termes abstraits.

J'ai écarté des trois parties de l'ouvrage presque toutes les expressions qui constituent le langage conventionnel des grammairiens; j'ai pris, pour qu'ils fussent plus frappants, tous mes exemples à l'appui des règles, dans la profession maritime, l'état militaire, la vie des ateliers, et j'ai fait en sorte de ne laisser échapper aucune occasion de mettre en relief des moyens mécaniques; une vingtaine de ces moyens notamment rendent inutiles de nombreuses conjugaisons de verbes.

Pour représenter avec les lettres les mots en général, un système de remarques épargnera beaucoup d'hésitations : on est communément persuadé qu'on ne peut orthographier sûrement qu'après avoir lu une multitude de livres, fait de nombreuses copies : beaucoup lire, beaucoup copier sont des exercices excellents, mais inadmissibles pour la personne que ses occupations éloignent de l'usage ordinaire du livre ou de la plume. Le système que j'emploie pour arriver plus vite à un bon résultat est rationnel. Il se base sur ce qu'il existe dans la langue française des séries de mots souvent fort longues commençant ou finissant de la même manière, à quelques exceptions près. N'est-il pas certain que, si l'on apprend les exceptions, on saura du même coup tout le reste d'une série? Avec quelle facilité, par exemple, on peut écrire les mots commençant par **dom**, tels que **dom***ination*, **dom***aine*..., si l'on sait que **domm***age* seul prend deux **m**; les mots finissant en **zon**, comme *mai***son**, *rai***son**.... si l'on se souvient, — ce qu'il est si facile de retenir, — que *ga***zon** et *hori***zon** seulement exigent un **z**... Il y a en ce genre des choses vraiment dignes de fixer l'attention : après un **c** ou un **g**, on écrit toujours **uEil** *(l'***u** *avant l'***e**, *dans tous les cas) org***uEil**, *éc***uEil**... C'est le contraire après une autre lettre qu'un **c** ou un **g** *(l'***e** *est* *toujours avant l'***u***) faute***Uil**, *fe***Uille**...Les féminins en *ate* qui n'ont pas 3 articulations, ont toujours 2 **t** : *dat-***te** (fruit), *lat-***te**, *pat-***te**, *chat-***te**, etc..., excepté uniquement : *da-***te** (de lettre), et *ra-***te**; tandis que ceux en *ate* ayant plus de deux articulations n'ont jamais qu'un **t** : *ca-se-ma-***te**, *fré-ga-***te**, *cra-va-***te**, etc... Il n'y a absolument que *ba-rat-***te** (ustensile pour faire le beurre) qui prenne deux **t**; entre deux **o**, on ne trouve jamais deux **n**: *hO***n***Orable*, *mO***n***Otone*, *sO***n***Ore*, etc.... Dans la GRAMMAIRE POPULARISÉE, il n'y a pas moins de quatre cents remarques aussi simples que celles qui viennent d'être indiquées. C'est la grammaire et le dictionnaire combinés. Que de copies et de lectures rendues inutiles ! Quels points d'appui pour la mémoire ! Avec quelle sûreté on écrit quand on a ces points d'appui ! On comprend combien cette certitude est précieuse, lorsqu'on réfléchit que, dans un concours, une, deux, trois fautes de plus qu'un adversaire, font souvent manquer une nomination avantageuse.

Ce que je viens de signaler constitue la première partie : l'**Orthographe.**

La deuxième partie — la **Rédaction** — a pour but de donner avec la même simplicité, la même clarté que pour l'ORTHOGRAPHE, les principes à observer afin d'avoir une diction saine, et, par conséquent, une rédaction pure. Sans la connaissance des règles établies pour bien rédiger, il n'est pas possible d'écrire convenablement la moindre lettre, le rapport le plus bref. On doit croire que ces règles, rendues très-compréhensibles à leur tour, seront l'objet de l'attention de bien des personnes qui ne s'étaient guère occupées jusqu'ici que de ce qui concerne l'Orthographe, appréhendant que le reste de la Grammaire ne renfermât de trop sérieuses difficultés. C'est déjà beaucoup sans doute de pouvoir orthographier avec correction ; mais il n'est pas moins important de bannir du langage parlé ou écrit les locutions vicieuses qui le déparent.

Le travail grammatical dont j'explique le plan et les avantages, pourrait s'arrêter là, et il comprendrait, sous une forme familière, tout ce qu'il est nécessaire de savoir pour parler et écrire correctement ; mais, afin de donner une sorte de couronnement à l'œuvre, je montrerai dans une troisième division — le **Style** — comment les connaissances des deux premières parties étant bien acquises, on peut les utiliser de la manière la plus avantageuse, dans un genre populaire, *pour faire valoir des droits méconnus*, *pour défendre des intérêts menacés*, *pour plaire, persuader*...

Après avoir indiqué la division des principes de la langue française en règles d'ORTHOGRAPHE et en règles de RÉDACTION, je dois dire que de bons juges en pareille matière ont approuvé cette séparation, parce qu'il en résulte des ensembles facilitant beaucoup les études.

En réalité, ce que je publie, c'est le mode que j'ai toujours suivi avec quelque succès, en enseignant les personnes employées à des travaux physiques. Ce livre nouveau sera donc surtout la GRAMMAIRE du **travailleur,** du **marin,** du **soldat...** de tous ceux qui n'ayant pu, dans leur enfance, étudier ou approfondir la langue de notre pays, sentent, dans un âge plus mûr, le besoin de connaître convenablement les principes sur lesquels en repose la correction, la pureté, et doivent désirer alors que ces principes soient réduits à leur expression la plus intelligible, la plus persuasive, pour être compris instantanément.

N'est-il pas évident que si, dans un livre d'enseignement tel qu'une grammaire, on démontre ce qu'on veut inculquer à l'aide d'explications tout-à-fait en rapport avec la manière de parler, avec les habitudes de l'étudiant, l'impression sera heureuse, la compréhension immédiate et l'étude attrayante? Pour le TRAVAILLEUR, je dis : *il y a des outils*, **tels** *que des tarières* (démonstration de la règle de **tel**) ; pour le SOLDAT : le *brigadier était muni de* **ses** *armes* (explication de l'emploi de **ces** ou de **ses**); pour le MARIN : *les frégates que nous avons gr***éées** (règle des verbes en **éer**); etc., etc.

La disposition typographique du travail a été elle-même l'objet de l'attention. C'est un point qui n'était pas à négliger : il ne suffit pas d'expliquer les choses, il importe de les présenter avantageusement ; et dans une grammaire surtout il est favorable que les mots essentiels se jettent, pour ainsi dire, sous l'œil qui doit les examiner pour en porter l'empreinte sur l'esprit.

On m'excusera de parler avec quelque assurance : je parle ainsi, parce que ma grammaire est la publication d'un système que les nombreux élèves enseignés par moi, ont déclaré leur convenir ; parce que, la 1re et la 2e partie étant déjà propagées, beaucoup des personnes à qui mon ouvrage est destiné, ont reconnu y trouver les facilités annoncées, et que plusieurs hommes éminents ont cru pouvoir m'accorder de sérieuses sanctions. Enfin je puise surtout mon assurance dans la conviction que le bon sens public, auquel je m'adresse avec une entière franchise, appréciera que les idées que j'émets au sujet de l'enseignement populaire ne sont point illusoires, et qu'il y avait grammaticalement quelque chose à faire pour accélérer la marche en avant des rangs plébéiens dans la voie du progrès.

Je dirai donc que voici, en résumé, les avantages de la *Grammaire popularisée :* Celui qui n'a retenu de ses études vagues d'autrefois que des notions incomplètes, aura la facilité de les compléter rapidement, et sans efforts d'esprit ; celui pour qui l'étude de sa langue est chose toute nouvelle, s'apercevra qu'il est aisé, — à l'aide d'explications simplifiées, d'exemples vulgarisés, de combinaisons avantageuses, — d'éviter des milliers de fautes, de parvenir à parler et à écrire convenablement sans qu'il soit rigoureusement nécessaire de recourir à un professeur ; et l'on sera alors, il y a lieu de le penser, assez ami de soi-même pour achever une étude bien indispensable, puisqu'aujourd'hui en France, on peut le dire sans exagération, les emplois, même les plus modestes, sont inabordables pour quiconque ne possède pas une connaissance suffisante de la langue nationale, que, n'eût-il aucun espoir de rémunération, chaque citoyen devrait tenir à honneur de parler et d'écrire correctement.

En amoindrissant les difficultés grammaticales pour les plus nombreuses classes d'hommes, ce nouvel ouvrage a donc pour but de contribuer à rendre plus générale une connaissance complète de la langue nationale, à détruire ce préjugé qu'il y a des positions sociales où il est superflu de savoir parler et écrire correctement. Il n'y a point de condition où un langage ennobli par la correction ne soit une acquisition précieuse : c'est une chose aussi agréable qu'utile dans la vie privée, et dans la vie publique des avantages, souvent inespérés, récompensent celui qui a consacré à la plus nécessaire de toutes les études quelques-uns de ses loisirs.

Toutefois, pour être juste, il faut reconnaître que maintenant l'Homme des ateliers et des armées est soucieux de s'instruire: il comprend bien que sans le secours de l'instruction, un levier plein de force lui fait défaut. Les personnes absorbées par des travaux manuels ont besoin comme les autres de bien parler et de bien écrire, mais elles désirent pouvoir en devenir capables le plus promptement possible et sans de pénibles exercices d'intelligence; elles souhaitent, puisque le temps leur manque pour arriver au Savoir par une voie difficile, que, suivant les recommandations d'un savant ministre de l'Empereur et d'un poète illustre, *on organise pour elles ce même Savoir*, *on leur monnaie la science*, on leur crée des moyens d'apprendre aisément, de manière que l'Étude soit une sorte de délassement du travail physique, et non elle-même un rude labeur intellectuel.

La *Grammaire popularisée* n'est pas une publication brillante; c'est, je le crois, un livre qui a sa raison d'être : c'est la réalisation d'une idée qui, par sa simplicité, est échappée à beaucoup de grammairiens habiles, mais trop préoccupés de déployer leur savoir, pour songer à le renfermer dans un cadre populaire. Cette manière neuve de dire les choses spécialement, dans un sens tout pratique, engagera beaucoup de membres des classes militaires et laborieuses à se livrer à l'étude de la grammaire, ce qui aura pour la plupart d'heureuses conséquences.

Avec quelle haute raison un grand écrivain, Mme George Sand, a dit dans *André*, un de ses chefs-d'œuvre, « *au fond » des plus sombres masures, au sein des plus médiocres conditions, il y a beaucoup d'hommes doués des* **organisations » les plus brillantes** *qui*, **faute d'instruction**, *s'éteignent » sans avoir* **rien produit.** » Or où l'instruction prend-elle sa source, si ce n'est dans la Grammaire ? Celui qui est étranger à cette science est paralysé intellectuellement en grande partie, tandis que celui qui l'a cultivée reconnaît qu' « *il n'est pas d'initiation plus puissante ni plus féconde à tous les travaux qu'on peut entreprendre.* » C'est qu'en effet l'entente d'une langue conduit à s'entourer des œuvres des hommes célèbres en tous genres qui ont écrit dans cette langue, à méditer ces œuvres ; alors les pensées se multiplient et se coordonnent; on trouve pour les exprimer une précieuse facilité ; l'intelligence prend un essor inattendu, et il n'est pas rare qu'il se révèle chez l'étudiant des facultés parfois extraordinaires, qui, sans quelque étude, eussent été infructueuses, tandis que réveillées par le Savoir elles le mettent en état de conquérir le bien-être, l'estime, la gloire même ; mais pour que beaucoup obtiennent ces résultats si désirables à tant de titres, pour que de grandes aptitudes qui resteraient closes, s'épanouissent, il faut que beaucoup commencent par étudier ce qui est « *la base de* » *toutes les connaissances humaines* » : la GRAMMAIRE ; pour que l'étude de cette science si fertile devienne générale, il importe qu'elle ait de l'attrait pour le plus grand nombre ; si on veut la rendre attrayante pour le plus grand nombre, il est indispensable de la mettre à la portée de tous ; et pour que l'étude de l'art grammatical soit à la portée de tous, la **GRAMMAIRE** doit être **POPULARISÉE**.

ÉMILE COUTURIER,

Professeur de langue française et de langue anglaise.

Sous-agent administratif, au bureau des Armements, Direction des Constructions Navales.

(Toulon-sur-mer.)

LA GRAMMAIRE POPULARISÉE.

PREMIÈRE PARTIE :

L'ORTHOGRAPHE.

ORTHOGRAPHE DU *SUBSTANTIF*.

Aucune personne n'ignore que pour s'exprimer de vive voix, elle se sert de MOTS. S'exprimer par écrit, c'est figurer ces mots au moyen de caractères appelés LETTRES. On sait l'**ORTHOGRAPHE**, quand, uniquement à l'aide de la mémoire, on peut écrire les mots avec toutes les lettres qu'ils doivent avoir, quels que soient les cas dans lesquels ils sont employés.

Dans les livres appelés DICTIONNAIRES, l'orthographe des mots est indiquée, mais seulement pour certains cas. Pour les écrire correctement dans toutes les circonstances, il faut connaître la **GRAMMAIRE,** qui présente l'ensemble des règles établies pour bien figurer les mots, et aussi pour les bien dire.

Par exemple, dans un dictionnaire, on trouve : *clou*, *caillou*. Ces mots ne sont là qu'au **singulier**, c'est-à-dire que c'est l'orthographe de *clou* et de *caillou*, s'il n'est question que d'une SEULE de ces choses ; mais si l'on a besoin d'employer le mot au **pluriel**, ce qui a lieu quand il s'agit de PLUSIEURS, il faut pouvoir déterminer si l'on doit écrire des *clou***S**, des *caillou***X**.

L'indication des règles de l'ORTHOGRAPHE sera commencée par la présentation de celles à l'aide desquelles on forme le pluriel des mots nommant des *personnes*, des *animaux*, des *édifices*, des *outils*, des *sentiments*... enfin des termes — qu'on est convenu d'appeler en grammaire **SUBSTANTIFS** — par lesquels l'homme désigne tous les êtres, tous les objets de l'univers qui frappent ses sens : son ouïe, sa vue, son odorat, son goût, qu'il peut toucher, et aussi les êtres, les choses qui ne sont que la création de l'esprit humain.

Les mots *ingénieur* et *ouvrier ; aigle* et *castor ; château* et *palais ; marteau* et *enclume ; haine* et *amour ; murmure* et *mélodie ; ange* et *paradis* ; *misère* et *grandeur ; gloire* et *patriotisme* ; *art* et *liberté*. . sont donc des SUBSTANTIFS.

Les substantifs ont des GENRES. Le **GENRE** dans les mots correspond au sexe chez les individus : tout nom qui désigne un être animé **mâle** est du **masculin** : le *matelot*, le *singe*... Tout mot qui désigne un être animé FEMELLE est du **féminin** : la *cantinière*, la *lionne*... Les noms de choses, de collections de personnes et d'objets : la *vapeur*, le *télégraphe*, le *bataillon*, la *troupe*... ont été faits, en général sans motifs, les uns du masculin, les autres du féminin ; mais on ne peut guère se tromper pour en déterminer le GENRE, puisque tout mot avant lequel il faut mettre LE ou UN est masculin, et que celui avant lequel on doit mettre LA ou UNE est du féminin.

RÈGLES POUR ÉCRIRE LA TERMINAISON DES ***SUBSTANTIFS*** AU ***PLURIEL***.

On ajoute une **x** finale pour former le pluriel d'un substantif que le dictionnaire donne, au singulier, terminé par AU :

*Un marteAU, des marteAU**X** ; un ciseAU, des ciseAU**X**.*

On ajoute également une **x** finale si le substantif singulier se termine par EU :

*Un piEU, des piEU**X** ; un essiEU, des essiEU**X**.*

A l'exception de *bl***eu** qui s'écrit *bl***eu****S** au pluriel :

*Les blancs et les blEU**S** ; les blEU**S** des teinturiers.*

On ajoute encore une **x** finale, pour en former le pluriel, aux substantifs singuliers :

Bijou, caillou, chou, genou, hibou et pou :
*Un bijou, des bijou**X** ; un caillou, des caillou**X**...*

Tous les autres substantifs forment leur pluriel par l'addition d'une **s** finale :

*Un ingénieur, des ingénieur**S** ; un ouvrier, des ouvrier**S**.*

A moins qu'un substantif au singulier n'ait l'une des marques du pluriel : une **s** ou une **x** finale ; dans ce cas on emploie le substantif pour le pluriel, tel qu'il est au singulier :

*Un croquis, des croqui**S** ; une faux, des fau**X**.*

On emploie aussi pour le pluriel, tel qu'on le trouve au singulier, un substantif terminé par z :

*Un nez, des ne**Z** ; un gaz, des ga**Z**.*

Mots les plus usités terminés par **s**, **x** ou **z** au SINGULIER :

—

s. *Rabais, ais, biais, engrais, panais, laquais, marais, anglais, français*... *Abcès, accès, progrès, congrès, cyprès, décès, excès, exprès, mets, procès, succès*....

Bas, cabas, cas, fracas, tracas, cervelas, chasselas, coutelas, échalas, lilas, matelas, amas, damas, ananas, compas, pas, repas, trépas, bras, haras, galetas, taffetas, tas, canevas.

Brebis, rubis, gâchis, hachis, paradis, radis, taudis, salsifis, logis, roulis, surplis, taillis, torticolis, treillis, commis, semis, tamis, anis, vernis, tapis, croquis, marquis, débris, coloris, lambris, mépris, panaris, souris, glacis, ramassis, retroussis, abattis, appentis, caillebotis, cliquetis, pilotis, avis, chènevis, devis, lavis, châssis.....

Bois, anchois, bourgeois, villageois, gaulois, chamois, mois, minois, empois, matois, patois, putois, pavois.....

Cambouis, buis, pertuis, puits, repos, propos, enclos, héros.

Abus, jus, reclus, talus, surplus, pus, recors. remous...

Cours (un), *concours, discours, parcours, recours, secours* ;

Et d'autres dont on fait sonner l's : *obus, vis*...

—

x. *Crucifix, perdrix, prix.*

Choix, noix, croix, creux, gueux, preux.

Courroux, époux, houx (le), *toux, saindoux.*

Chaux (la), *faux* (la ou le), *taux, flux.*

—

z. *Gaz, nez, quartz, ranz, riz* (le grain), *Czarowitz.*

Cas où le substantif est toujours au SINGULIER.

Un substantif est toujours au singulier après :

1° L'UN et L'AUTRE, L'UNE et L'AUTRE :
*L'*UN ET L'AUTRE **outil** ; L'UNE ET L'AUTRE **hache**.

2° NI L'UN NI L'AUTRE, NI L'UNE NI L'AUTRE :
NI L'UN NI L'AUTRE **ciseau** ; NI L'UNE NI L'AUTRE **varlope**.

3° LE PREMIER ET LE SECOND, LA 2me ET LA 3me, etc. :
LE 1er ET LE 2me **maître** ; LA 1re ET LA 2me **bataille**.

4° PLUS D'UN, PLUS D'UNE :
PLUS D'UN **fondeur**, PLUS D'UNE **armée**.

TÉMOIN précédé de **à** ne prend pas d's finale :
Soldats ! je vous prends **à témoin**.

TÉMOIN est encore au singulier s'il précède le substantif :
Avec de l'instruction on parvient, **témoin** *ces officiers*.

On ne met pas au pluriel les noms de personnes :
Les deux **Robert** *sont des maîtres habiles*.

A moins qu'on ne puisse par la pensée mettre avant ces noms : *individus comme, personnes comme* :

Les JEAN-BART**S** *sont rares* (c.-à-d. les marins comme Jean-Bart.)

Ou qu'il s'agisse de races, de familles... célèbres.

La vieille race des BOURBON**S**; *la dynastie des* NAPOLÉON**S**.

Enfin : POST-SCRIPTUM, MAXIMUM, MINIMUM, TE DEUM sont toujours invariables :

Les **maximum**, *les* **minimum** *des soldes et des suppléments*

Ainsi que : ALINÉA, ERRATA, DUPLICATA, IN-FOLIO, PATER, AVE... et quelques autres.

On écrit aussi : les POURQUOI, les PARCE QUE, les CAR...

EXPLICATIONS AU SUJET DES

REMARQUES ORTHOGRAPHIQUES.

—

On pourra écrire avec discernement des milliers de mots, en sachant les remarques qui vont être données dans le cours de cette première partie de la GRAMMAIRE POPULARISÉE ; elles portent sur le commencement des mots ou l'**initiale**, le **corps** et la **finale**.

Quelques remarques générales doivent toujours être présentes à l'esprit, savoir :

L'Orthographe d'un mot composant se conserve dans le composé : dans **horizon***tal*, on retrouve intacte l'orthographe d'**horizon**, dans **hun***ier*, celle de **hune**, etc.

Tout mot doit se terminer par la lettre que révèle le mot plus long qu'il peut former : l'**s** de *bois* est indiquée par *boiserie*, l'**l** de *fusil* par *fusiller*, le **d** de *sabord* par *saborder*...

Comme exceptions à ces principes, on trouve bien *honorable* qui tout en venant d'*honneur* n'a qu'une **n**... ; *abri*, qui formant *abriter*, n'a pas de **t**... ; mais ces cas sont rares.

Il est aussi bien utile de s'identifier avec l'exactitude de la prononciation, de pouvoir distinguer un son long d'un son bref : il y a une différence de son entre **mots** et **maux** ; entre **halle** et **hâle**... et par suite une différence d'orthographe.

Le son long donne lieu à une remarque importante : c'est qu'après lui, il n'y a jamais de lettre doublée : *pâle*, *môle*, *frêle*, *île*, *flûte*, *aumônier*, *etc.*

REMARQUES POUR ÉCRIRE LA

FINALE DES *SUBSTANTIFS.*

On l'écrit sans exceptions :

AIL, pour les masculins :	AT, pour les professions, les dignités :	IONNAIRE :
*gouvern*ail, *évent*ail, etc.	*sold*at, *prél*at, etc.	*fact*ionnaire, *stat*ionnaire, etc.
AILLE, pour les féminins :	AUX, si le singulier est AL :	IS, venant d'un mot en ANT :
*lim*aille, *mitr*aille, etc.	*capor*aux, *génér*aux, etc.	*roul*is (roulant), *taill*is (taillant), etc.
AISON :	IN, venant d'un mot en INER :	OIRE, pour les féminins :
*carg*aison, *flott*aison, etc.	*bur*in (buriner), *mar*in (mariner), etc.	*arm*oire, *vict*oire, etc.

On l'écrit :	Exceptions :
CASSE :	
*ar*casse, *car*casse, etc.	dédi**cace.**
GANCE :	
*élé*gance, *arro*gance, etc.	**ganse.**
ICTION :	
*restr*iction, *conv*iction, etc.	m**ixtion.**
INENCE :	
*abst*inence, *imm*inence, etc.	**finance.**
GON :	
*dra*gon, *four*gon, etc.	**gond.**

On l'écrit :	Exceptions :
ISQUE :	
*obél*isque, *lent*isque, etc.	**fisc.**
LICE, pour les masculins :	
*ca*lice, *dé*lice, etc.	**lis** (un).
MANDE :	
*a*mande (fruit), *de*mande, etc.	a**mende** (châtiment, pécuniaire)
NON :	
*ca*non, *fa*non, etc.	**nom.**
ONE, pour les masculins :	
*carb*one, *polyg*one, etc.	au**tomne.**

OUSSE :

*g*ousse,
*p*ousse des feuilles, etc. } p**ouce** (Doigt, mesure)

PONT :

*har*pon,
*pom*pon, etc } **pont.**

QUANT, venant d'un mot en quer :

*pi*quant (piquer),
*trafi*quant, etc. } fabri**cant.**

QUENCE :

*élo*quence,
*fré*quence, etc. } va**cance.**

US, pour les masculins :

*o*bus,
*sin*us, etc } cap**uce.**

XITÉ :

*fi*xité,
*perple*xité, etc. } si**ccité.**

AIE, pour les féminins :

*fu*taie,
*pag*aie, etc. } p**aix.** f**orêt.**

IAIRE, pour les masculins :

*brév*iaire,
*vest*iaire, etc. } l**ierre.** *cimet***ière.**

LAIRE :

*sa*laire,
*insu*laire, etc. } *co***lère.** ga**lère.**

QUET, pour les masculins :

*ba*quet,
*pa*quet, etc. } **quai.** la**quais.**

TON :

*lai*ton,
*pon*ton, etc. } **taon** (mouche) **thon** (poisson)

ULENCE :

*op*ulence,
*corp*ulence, etc. } amb**ulance.** pét**ulance**

EUR, pour les féminins singuliers :

*ard*eur,
*vigu*eur,
*liqu*eur, etc. } s**œur,** h**eure,** dem**eure.**

MENT, pour ceux venant d'un verbe :

*bombarde*ment,
*caserne*ment,
*lance*ment, etc. } ai**mant.** cal**mant.** dor**mant.**

GEON :

*plon*geon,
*bour*geon,
*estur*geon, etc. } don**jon,** gou**jon,** jonc, a**jonc**

NAIRE :

*cente*naire,
*sémi*naire,
*lumi*naire, etc. } **nerf,** ton**nerre.** scorzo**nère**

OLE (ôle) :

*pô*le, *rô*le, *mô*le, etc.	**gaule**, **saule**, é**paule**.

ONE (ône) :

*cô*ne, *zô*ne, *trô*ne, etc.	**aune**. **faune**. **jaune**.

OSE :

*do*se, *po*se, (position) *ro*se, etc.	**cause**, **pause**, cl**ause**.

PIN :

pin (arbre), *la*pin, *cale*pin, etc.	**pain** (aliment), gra**ppin**, par**paing**.

EUR, pour les masculins :

*fon*deur, *plong*eur, *cisel*eur, *chauff*eur, etc.	**cœur**, ch**œur**, **beurre**. **leurre**.

UE, pour les féminins :

*mor*ue, *recr*ue, *mass*ue, *stat*ue, etc.	br**u**, gl**u**, vert**u**, trib**u** (une).

ULE, pour les masculins :

*scrup*ule, *vestib*ule, *crépusc*ule, *opusc*ule, etc.	rec**ul**, calc**ul**, cons**ul**, cum**ul**.

UM, pour les masculins prononcés OME

*musé*um, *minim*um, *mini*um, *maxim*um, etc.	h**omme**, s**omme** (un). rog**omme**. agron**ome**. Et autres en NOME.

OME, ôme, pour ceux prononcés **ôme** :

*axi*ome, *idi*ome, *bin*ôme, *ar*ôme, *sympt*ôme, etc.	**baume**, **paume**, ch**aume**, ps**aume**, roy**aume**.

GENCE :

*a*gence, *ur*gence, *négli*gence, *exi*gence, *ré*gence, etc.	en**geance**, ven**geance**, allé**geance**, déro**geance**

Lettres doublées ou non dans les substantifs :

La finale a une DOUBLE LETTRE pour les substantifs en :

		EXCEPTÉ :
ERRIER	*gue*r**r**ier, etc.	
OURRIER	*fou*r**r**ier, etc.	
GRAMME	*progra***mme**, etc.	
ONNIÈRE	*poisso***nn**ière, etc.	*limo***n**ière.
ONNIER	*ponto***nn**ier.	*limo***n**ier, *timo***n**ier.
ETTE	*vede***tte** (pour les féminins.)	*diè***t**e, *arbalè***t**e, *comè***t**e, *épithè***t**e.

La finale n'a pas de DOUBLE LETTRE pour les substantifs en :

		Excepté :
ANIE	*ma***n**ie	*tyra***nn**ie.
OLE	*gond*ole	colle, *bouter*olle.
OPE	*varlo***p**e	*écho***pp**e, *envelo***ppe**.
PEUR	*sa***p**eur.	*fra***pp**eur, *envelo***pp**eur.
LON	*ga*lon (ruban)	*ga*llon (mesure), *va*llon, *ba*llon, *moe*llon.
UTE	*minu***t**e. (p. les féminins)	*bu***tt**e, *lu***tt**e, *hu***tt**e, gomme *gu***tt**e.
ALIER	*journ*alier	*h*allier, *m*allier.
AME	*ra***m**e, etc	*fe***mm**e, *fla***mm**e, *ga***mm**e et ceux en *gra***mm**e.

On écrit la finale des substantifs féminins:

ATE (un seul **t**) pour ceux ayant plus de deux articulations : *Casema***t**e, *toma***t**e, etc. (moins bara**tt**e).

ATTE (deux **t**) pour ceux n'ayant que deux articulations : *Da***tt**e, *la***tt**e, *na***tt**e, etc ; (moins *da***t**e (de lettre) et *ra***t**e).

ALE (une l) pour ceux ayant plus de 2 articulations : *Cymb*ale, *spir*ale, etc. (moins quelques mots inusités).

ALLE (deux **l**) pour ceux n'ayant que 2 articulations : *B*alle, *s*alle, *st*alle, etc. (moins cale, *g*ale, *p*ale).

REMARQUES POUR L'ORTHOGRAPHE DE CERTAINES TERMINAISONS MASCULINES ET FÉMININES.

Les finales ÉE, IE, ALE, ELLE, OIE sont ordinairement celles de substantifs féminins ; on trouve pourtant que :

ÉE termine les masculins : *apog*ée, *ath*ée, *athén*ée, *cadu*cée, *colis*ée, *élys*ée, *hymén*ée, *mausol*ée, *mus*ée, *périg*ée, *pygm*ée, *troph*ée, *coryph*ée.

IÉ, les masculins : *amphib*ie, *gén*ie, *imp*ie, *incend*ie, *parapl*uie

ALE, les masculins : *chrysoc*ale, *déd*ale, *scand*ale, *van*dale, *crot*ale, *pét*ale, *or*ale, *cannib*ale, *interv*alle.

ELLE, les masc. : *reb*elle, *vermic*elle, *violonc*elle, *lib*elle.

OIE, le masculin : *f*oie.

Les finales É, IÉ, I, IS, IT, IX, OI, OIX, OUX, sont celles de substantifs masculins ; on trouve pourtant que :

É termine tous les féminins en té, *liber*té, *égali*té, etc. Moins *aba*tée, *évi*tée, *nui*tée, *pâ*tée, *dic*tée, *je*tée, *mon*tée, *por*tée, *assiet*tée, *charre*tée, *brouet*tée, *hot*tée, et quelques autres exprimant tout le contenu d'un objet.

IÉ termine les féminins : *pi*tié, *ami*tié, *moi*tié.

I termine les féminins : *fourm*i, *hour*i, *pér*i, *merc*i.

IS termine les féminins : *sour*is, *v*is, *oas*is.

IT termine le féminin : *nu*it.

IX termine le féminin : *perdr*ix.

OI termine les féminins : *f*oi, *l*oi, *par*oi.

OIX termine les féminins : *cr*oix, *v*oix, *n*oix.

OUX termine le féminin : *t*oux.

Principaux substantifs dont l'Orthographe diffère, bien que la prononciation, le genre et le nombre soient exactement les mêmes.

A

ABAISSE . . . . . . (partie d'une pâtisserie).
ABBESSE. . . . . . (directrice de couvent).
ACCORD . . . . . . (harmonie).
ACCORE . . . . . . (pour soutenir les vaisseaux).
ALÈNE . . . . . . (outil).
HALEINE . . . . . . (respiration).
ARE. . . . . (mesure).
ART. . . . . (talent).
AUTEL . . . . (d'église).
HÔTEL . . . . (hôtellerie).

B

BALAI . . . . (pour balayer).
BALLET . . . . . . (danse réglée).
BAN. . . . . (publication).
BANC . . . . (siége).

C

CAHOT . . . . (secousse).
CHAOS . . . . (confusion).
CANE . . . . (femelle du canard).
CANNE . . . . (bâton....)
CARROSSE . . . . . . (char...)
CAROSSE . . . . . . (fruit d'un arbre : le carossier).
CARTE . . . . (à jouer, etc).
QUARTE . . . . . . (terme d'escrime).
CÈNE . . . . (repas de Jésus).
SCÈNE . . . . (évènement, incident).
SEINE . . . . (filet).
CARTIER . . . . . . (fabricant de cartes).
QUARTIER . . . . . . (partie de ville, etc.).
CELLIER . . . . . . (partie de maison).
SELLIER . . . . . . (fabricant de selles).

Chair . . . . (viande)
Chaire. . . . . (pour prêcher).
Chère . . . . (faire bonne... chère).
Chœur. . . . . (d'église, chant).
Cœur . . . . (partie des corps).
Coin . . . . (encoignure).
Coing . . . . (fruit du cognassier).
Coke . . . . (charbon).
Coq. . . . . (animal, cuisinier de navire).
Comte . . . . (titre de noblesse).
Compte . . . . (calcul).
Conte . . . . (récit).
Cote . . . . (dimension).
Cotte . . . . (vêtement).
Cou. . . . . (partie du corps).
Coup . . . . (— de marteau, de poing, etc).
Cor. . . . . (des pieds, instrument de musique).
Corps . . . . (— humain, d armée).
Cri . . . . (forte émission de voix).
Cric . . . . (instrument).
Cygne . . . . (oiseau).
Signe . . . . (indication).

D

Date . . . . (quantième).
Datte . . . . (fruit).
Dé . . . . (pour jouer).
Dey. . . . . (titre chez les Arabes).
Dais. . . . . (dôme, etc)...
Dessein . . . . (projet)
Dessin. . . . . (œuvre de dessinateur).

E

Echo . . . . (répétition).
Ecot . . . . (quote-part).
Exaucement . . . . . (accomplissement).
Exhaussement . . . . (surélévation).

F

Fait . . . . (acte, action).
Faix . . . . (fardeau).

FARD . . . . . . (pour farder).
PHARE . . . . (pour éclairer).
FIN. . . . . (achèvement).
FAIM . . . . (désir de manger).
FILTRE. . . . . . . (pour filtrer)
PHILTRE . . . . . . (breuvage).
FOI. . . . . (confiance, loyauté, etc)
FOIS . . . . (une fois, deux fois, etc).
FONDS, } pluriel . . . (argent).
FONTS, } . . . (— baptismaux).
FOND, } singul. . . . (de ce qui a de la profondeur).
FONDS, } . . . (matériel, etc).
FRAIS . . . . (dépenses, fraîcheur).
FRET,S. . . . . . . (— des navires).

G

GALE . . . . (maladie).
GALLE . . . . (noix de —)
GEAI . . . . (oiseau).
JAIS. . . . . . . (pierre très-noire).
JET. . . . . (jaillissement).
GRÉ. . . . . (agrément).
GRÈS . . . . (pierre)
GUÉ. . . . . (d'une rivière).
GUET . . . . (quand on guette).

H

HÉROS. . . . . . (homme héroïque).
HÉRAUT . . . . . . (proclamateur au moyen-âge).
HAUTESSE . . . . . (titre des sultans).
HÔTESSE . . . . . . (celle dont on est l'hôte).

L

LAC . . . . (pièce d'eau).
LAQUE . . . . (sorte de vernis).
LÉ . . . . (d'étoffes).
LEGS . . . . (— de testateur).
LOCH . . . . (instrument maritime).
LOOCH . . . . (breuvage adoucissant).

M

MANTE . . . . (manteau de femme).
MENTHE . . . . . . (plante).

Martyre	(ce qu'on souffre).
Martyr	(celui qui souffre).
Mer.	(étendue d'eau salée).
Mère	(femme ayant enfanté).
More	(individu d'un peuple africain).
Mors	(pour maîtriser les chevaux).

O

Oint	(l'— du seigneur).
Oing	(graisse).

P

Pause	(repos)
Pose	(position).
Pain	(substance).
Pin	(arbre).
Pair	(de France).
Père	(de famille).
Palais	(édifice).
Palet	(instrument de jeu).
Pan.	(partie de mur, d'habit).
Paon	(oiseau).
Panne	(station de navire, mettre en —)
Paonne	(femelle du paon).
Pic	(pointe de montagne).
Pique	(couleur de cartes).
Plainte	(quand on se plaint).
Plinthe	(ouvrage de menuiserie).
Plan	(projet...)
Plant	(plantation).
Poêle	(ustensile de chauffage).
Poil	(cheveu...)
Point	(marque).
Poing	(poignet).
Pois	(légumes).
Poids	(pesanteur).
Pore	(trou de la peau).
Porc	(cochon).
Port	(de mer, de lettres)
Pou.	(insecte).
Pouls	(pulsation).

Prémices . . . . . . (premiers fruits).
Prémisses . . . . . (terme de rhétorique).

R

Ris . . . . (le rire).
Riz . . . . (le grain).

S

Sang . . . . (des veines).
Sens . . . . (de l'esprit).
Saut . . . . (un bond).
Sceau . . . . (pour sceller).
Seau . . . . (pour puiser).
Sein . . . . (partie du corps).
Seing . . . . (signature).
Serin . . . . (oiseau).
Serein . . . . (rosée du soir).

T

Tante . . . . (parente).
Tente . . . . (logis).
Tain . . . . (lame d'étain des glaces).
Tin . . . . (pour attiner).
Teint . . . . (couleur).
Thym . . . . (plante).
Tirant. . . . . . . (ce qui tire)
Tyran . . . . (celui qui tyrannise).
Toue . . . . (espèce de bateau).
Toux . . . . (quand on tousse).
Ton. . . . . (manière de dire).
Taon . . . . (mouche).
Thon . . . . (poisson).

V

Van. . . . . (pour vanner).
Vent . . . . (air en mouvement).
Ver. . . . . (animal).
Verre . . . . (glace).
Vers . . . . (ligne de poésie).
Vert . . . . (couleur).
Voie . . . . (chemin)
Voix . . . . (organe du langage).

Substantifs ayant la même prononciation dont l'orthographe est dissemblable, mais dont les genres sont différents.

A

AIR . (un) . . . . . (vent, apparence, etc).
AIRE . (une) . . . . . (nid d'aigle).

B

BAIL . (un) . . . . . (contrat).
BAILLE (une) . . . . . (cuve).
BAL . (un) . . . . . (danse).
BALLE. (une) . . . . . (ballot, projectile).
BEY . (un) . . . . . (titre en Afrique).
BAIE . (une) . . . . . (petit golfe).
BOUT . (un) . . . . . (extrêmité).
BOUE . (une) . . . . . (vase, terre détrempée).
BRICK. (un) . . . . . (bâtiment).
BRIQUE (une) . . . . . (pour briqueter).

C

CAL . (un) . . . . . (durillon).
CALE . (une) . . . . . (partie de navire, etc).
CHÊNE. (un) . . . . . (arbre).
CHAINE (une) . . . . . (pour enchaîner).
SIRE . (un) . . . . . (titre.)
CIRE . (une) . . . . . (substance).
COL . (un) . . . . . (pour le cou).
COLLE (une) . . . . . (pour coller).
COQ . (un) . . . . . (volatile, cuisinier).
COQUE (une) . . . . . (d'œuf, de navire, etc).
COURS (un) . . . . . (d'eau, pour l'enseignement).
COUR . (une) . . . . . (des rois, d'une maison).
CROUP (un) . . . . . (maladie).
CROUPE (une) . . . . . (de cheval, etc).

E

ECLAIR (un) . . . . . (lueur).
ECLAIRE (une) . . . . . (plante).

FAÎTE. (un) . . . . (sommet).
FÊTE. (une) . . . . (réjouissance).
FIL. . (un) . . . . (pour coudre, etc).
FILE (une) . . . . (rangée)
FOIE. (un) . . . . (partie du corps).
FOI, FOIS (une) . . . . (voir ci-devant).

H

HOUX. (un) . . . . (arbuste).
HOUE. (une) . . . . (instrument de jardinage).

L

LAC. (un) . . . . (étendue d'eau).
LAQUE (une) . . . . (couleur).
LAIT. (un) . . . . (laitage).
LAIE. (une) . . . . (femelle de sanglier).
LIEU. (un) . . . . (endroit).
LIEUE. (une) . . . . (mesure de chemin).

M

MAIRE. (un) . . . . (magistrat).
MER, MÈRE (une) . . . . (voir ci-devant).
MOU. (un) . . . . (partie des animaux).
MOUE. (une) . . . . (grimace).

P

PAIR, PÈRE (un). . . . (voir ci-devant).
PAIRE (une) . . . . (couple).
PAL. (un) . . . . (pour empaler).
PALE. (une) . . . . (partie des roues de moulin, etc.
PATER (un) . . . . (prière).
PATÈRE (une) . . . . (pour retenir les rideaux).
PÈNE. (un) . . . . (partie d'une serrure).
PEINE. (une) . . . . (chagrin).
PIC. (un) . . . . (sommet, instrument).
PIQUE (une) . . . . (arme).
POIDS. (un) . . . . (voir ci-devant).
POIX. (une) . . . . (résine gluante)
POUCE (un) . . . . (doigt de main, de pied).
POUSSE (une) . . . . (action de pousser).

R

RENNE .	(un).	(animal).
REINE .	(une).	(femme de roi).

S

SATYRE .	(un).	(être fabuleux).
SATIRE .	(une).	(critique, moquerie).
SEL . .	(un).	(pour saler).
SELLE .	(une).	(pour se tenir à cheval).
SOL . .	(un).	(terrain, note de musique).
SOLE . .	(une).	(poisson).
STATUT .	(un).	(condition, clause.)
STATUE .	(une).	(personnage en pierre, etc).

T

TÊT . .	(un).	(abri pour les porcs).
TAIE . .	(une).	(d'oreiller, tâche dans l'œil).
TRIBUT .	(un).	(chose à payer).
TRIBU .	(une).	(peuplade, famille).

V

VICE . .	(un).	(défaut).
VIS . .	(une).	(clou à hélice).
VOL . .	(un).	(rapt).
VOLE. .	(une).	(coup à l'écarté).

ORTHOGRAPHE DU *QUALIFICATIF*.

En grammaire, on est convenu d'appeler **adjectif qualificatif** le mot qui, joint aux substantifs, en exprime une qualité bonne ou mauvaise, comme *bon*, *méchant*, dans : *un* **bon** *ouvrier*, *un* **méchant** *singe*. **Bon** exprime que l'ouvrier a la qualité estimée, appelée bonté, et **méchant** que le singe a la mauvaise qualité appelée méchanceté.

Accord de l'adjectif qualificatif et du substantif.

Un ADJECTIF QUALIFICATIF *doit toujours se rapporter à quelque nom* ; il ne faut donc jamais employer un mot de ce genre, sans se préoccuper du substantif dont il exprime une qualité, attendu que l'adjectif qualificatif a le plus souvent une PREMIÈRE FORME distincte pour le *masculin singulier*, une DEUXIÈME pour le *féminin singulier*, une TROISIÈME pour le *masculin pluriel*, une QUATRIÈME pour le *féminin pluriel*, et qu'il faut l'écrire à l'une de ces formes selon l'espèce du substantif. C'est ce que l'on appelle *faire accorder l'adjectif qualificatif avec le substantif*. Par exemple outre la forme du masculin singulier *par*eil, on a *par*eille pour le féminin singulier, par**eils** pour le masculin pluriel, *par***eilles** pour le féminin pluriel. On devrait écrire, en faisant accorder :

*Un par***eil** *bâtiment ; de par***eils** *ateliers.*

*Une par***eille** *armée ; de par***eilles** *machines.*

Règles pour écrire la finale des adjectifs qualificatifs au masculin et au féminin.

On l'écrit : — Exceptions :

AL, au masculin :

*amic*al, *nav*al, etc. — **ovale.** **sale.**

ALE, au féminin :

*amic*ale, *nav*ale, etc. — »

EIL, au masculin :

*par*eil, *verm*eil, etc. — »

EILLE, au féminin :

*par*eille, *verm*eille, etc. — »

EL, au masculin :

*offici*el, *form*el, etc.

ELLE, au féminin :

*offici*elle, *form*elle, etc.

Exceptions : fid**èle.** isosc**èle.** parall**èle.** reb**elle.** Semblables au masculin et au féminin

OLE, au masculin et au féminin :

*friv*ole, *agric*ole, etc. — **fol, folle. mol, molle**

ULE, au masculin et au féminin :

*créd*ule, *ridic*ule, etc. — **nul** (m) **nulle** (f).

On l'écrit : — Exceptions :

AN, pour ceux dont le féminin est ANE :

*ottom*an, *musulm*an, etc. — »

ANE, au féminin :

*diaph*ane, *musulm*ane, etc. — pays**anne.**

AIN, au masculin, si le féminin est AINE :

*proch*ain, *soud*ain, etc. — pl**ein.** ser**ein** et en ÉEN

IN, au masculin, si le féminin est INE :

*coqu*in, *mesqu*in, etc. — »

IENNE, si le masculin est IEN :

*anc*ienne, *aér*ienne, etc. — »

ÉENNE, si le masculin est ÉEN :

*europ*éenne, *vend*éenne, etc. — »

ÈNE, si le masculin et le féminin sont ÈNE :

*homog*ène, *obsc*ène, etc. — »

ONNE, si le masculin est ON :

*mign*onne, *bouff*onne, etc. — »

É, au masculin :

devergondé, *fieffé*. | erron**é**, orang**é**, etc.

EXCEPTÉ :

bai, *gai*, *lai*, *vrai*, *laid*. | ép**ais**, bal**ais**, fr**ais**,

Et ceux qui font au féminin :

AISE : *français*, *niais*, etc.

ÈTE : inqui**et**, brun**et**, etc.

ET, au masc. si le féminin est ÈTE, ETTE :

violet, *muet*, etc. »

ETTE, au féminin, si le masculin est ET :

violette, *muette*, *coquette*, *fluette*, *brunette*, etc. | discr**ète**, secr**ète**, inqui**ète**, concr**ète**, repl**ète**.

ECT, (prononcé ECTE) au masculin :

correct, *direct*, etc. »

ORE, au masculin :

tricolore, *inodore*, etc. | **fort**, **tors** (bois-).

I, au masculin, si le féminin n'est pas ITE ou ISE :

hardi, *candi*, etc. | gent**il**, favor**i**.

IS, au masculin, si le féminin est ISE :

concis, *exquis*, etc. »

IT, au masculin, si le féminin est ITE :

contrit, *subit*, etc. | favor**i**.

ILE, pour les masculins et les féminins :

utile, *ductile*, etc. | fert**ile**, sext**ile**, etc.

EXCEPTÉ, au masculin seulement :

vil, *civil*, *puéril*, *viril*, | bissext**il**, subt**il**, vol**at**il, etc.

Et le masculin et féminin : **tranquille**.

US, si le féminin est USE :

confus, *diffus*, etc. »

U, si le féminin n'est pas USE :

fourbu, *ardu*, etc. »

Autres remarques pour L'ORTHOGRAPHE DES ADJECTIFS.

REMARQUE CAPITALE. — Tout adjectif se rapportant à un substantif *féminin*, doit avoir à sa finale un E non accentué :

Cher père, chère mère ; individu majeur, fille majeure ;
Fait erroné, chose erronée ; soldat hardi, attaque hardie.
Grec a pour féminin *Gre*CQUE

Les masculins *ammonia*C, *publi*C, *cadu*C, *tur*C, ont pour féminins : *ammonia*QUE, *publi*QUE, *cadu*QUE, *tur*QUE.

On ne trouve jamais de double lettre à la finale des adjectifs :

en :		EXCEPTÉ POUR :
MEUX.	*bru***m**eux, etc	*go***mm**eux, *squa***mm**eux.
LEUX.	*fri***l**eux, etc.	*ca***ll**eux, *lame***ll**eux, *mie***ll**eux, *moe***ll**eux.

On trouve toujours une double N pour les adjectifs en :

ONNEUX. *poisso***nn**eux . . *limo***n**eux excepté.

On écrit la finale des adjectifs :

	Exceptions :		Exceptions :
ACIEUX : *spa*cieux, *auda*cieux, etc.	*ch***assieux**	IQUE : *sphér*ique, *techn*ique, etc.	pub**lic**, au masculin (au féminin : pub**lique**.
AISE : *gl*aise, maise, etc.	**lèse** (-Majesté)	OIRE : *évaporat*oire, *distillat*oire, etc.	n**oir** (au féminin : n**oire**).
LAIRE : *popu*laire, *tuté*laire, etc.	*col***ère.**	TAIRE : *mili*taire, *volon*taire, etc.	aus**tère.** adul**tère.** délé**tère.**

RÈGLES POUR ÉCRIRE

Les adjectifs Qualificatifs au Pluriel.

*Jume***au**, *be***au**, *nouve***au**, seuls adjectifs qualificatifs terminés par AU au singulier, prennent une **x** finale au pluriel :

*Un be***au** *travail ; de be***auX** *ouvrages...*

Tous les autres adjectifs qualificatifs qui n'ont pas au singulier l'une des marques du pluriel, une x ou une s finale, forment leur pluriel par l'addition d'une s finale :

*Un cavalier intrépide, des cavaliers intrépide***S**.

Ceux qui ont, au singulier, une s ou une x finale, s'emploient au pluriel tels qu'ils sont au singulier :

*Un bordage épai*s	*Un travail dou*x
*Des bordages épai***S**.	*Des travaux très dou***X**.

Tous les adjectifs en **eux** se terminent par une **x** au pluriel comme au singulier :

*Un maître conscienci***euX** *; des maîtres conscienci***euX**.

*Bl***eu** et *f***eu** (défunt) font seuls exceptions ; ils prennent une s finale au pluriel :

Des drapeaux BL**euS** *; les* F**euS** *princes.*

Tous les adjectifs pluriel en a**ux** qui font AL au singulier, ont une **x** finale :

*Un quartier-génér*AL **;** *des quartiers-génér***auX**.

*Dou***x**, *rou***x**, *jalou***x** ont une **x** finale au singulier et au pluriel ; mais *fou***s** et *mou***s** sont les pluriels de *fo***u** et *mo***u**.

ORTHOGRAPHE DU **VERBE**.

Les grammairiens ont donné le nom de **verbes** à tous les mots qui expriment l'accomplissement d'un acte physique ou moral. Dans la langue à laquelle cette dénomination a été empruntée, VERBE signifie la *parole* Il est bien vrai que le verbe est le mot par excellence ; il est l'âme de chaque partie de phrase ; aussi quiconque veut orthographier correctement, doit surtout s'attacher à en bien comprendre le mécanisme.

Je dis que le verbe exprime l'accomplissement d'un acte : en effet, *travail* est un substantif, parce qu'il exprime l'action de travailler sans idée d'exécution ; mais *travailler* est un VERBE, attendu qu'il indique cette action avec idée d'accomplissement.

Tandis que tous les autres mots de la langue française ne subissent que de légères modifications dans leur orthographe, le VERBE en subit un grand nombre, par la raison que non-seulement diverses personnes ou choses font l'action qu'il exprime, mais que cette action s'exécute à diverses époques : c'est par *moi*, par *lui* ou par *elle* ; par *nous*, par *vous*, par *eux* ou par *elles* que se fait l'action marquée par le VERBE ; elle *s'est faite* déjà ; elle *se fait maintenant* ; elle *se fera plus tard* ; elle *s'accomplira à certaines conditions*, etc., etc....

Aussi quelle variété dans les terminaisons du **VERBE**, et quelles difficultés il présente au premier aspect pour être bien orthographié dans tous ses cas ! mais ces difficultés étant plus apparentes que réelles, ont été réduites considérablement par l'observation.

On a d'abord remarqué que tous les verbes se terminent :

Soit en ER, comme *lim***er** ;
Soit en IR, comme *pol***ir** ;
Soit en OIR, comme *dev***oir** ;
Soit en RE, comme *fend***re**.

Puis on a vu que tous les verbes d'une même terminaison sont semblables, à quelques irrégularités près, à l'un quelconque d'entre eux, à tous les temps et à toutes les personnes faisant l'action ; que, conséquemment, on peut prendre le premier venu pour modèle, ce qui réduit à quatre le nombre des verbes à apprendre pour pouvoir les écrire tous avec facilité :

Nous avons pris :

Pour 1er MODÈLE, le verbe en **ER** : *lim***er**.
Pour 2me MODÈLE, le verbe en **IR** : *pol***ir**.
Pour 3me MODÈLE, le verbe en **OIR** : *dev***oir**.
Pour 4me MODÈLE, le verbe en **RE** : *fend***re**.

Enfin les difficultés des verbes ont été complètement vaincues par de nombreuses remarques qu'on trouvera après le tableau des quatre modèles.

DÉFINITION DES **TEMPS DES VERBES.**

Il est de toute nécessité de bien comprendre les dénominations données dans les verbes aux distinctions du **temps.**

En lisant le tableau qui va suivre on trouvera :

1° L'**INFINITIF** :

C'est-à dire, en terme ordinaire, *l'indéterminé* : en effet , il exprime l'accomplissement de l'action sans qu'aucun temps soit précisé.

Combattre (dans un temps quelconque) *pour son pays est honorable.*

L'infinitif comprend :

1° Le PASSÉ de l'INFINITIF, dit PARTICIPE PASSÉ, parce qu'il est de la nature du verbe et de l'adjectif, qu'il PARTICIPE de tous les deux :

Combattu *par le ciel, un homme ne peut vaincre.*

2° L'INFINITIF en ANT dit PARTICIPE PRÉSENT, pour le même motif que le passé de l'infinitif est dit participe passé :

Il est beau de mourir en **combattant** *pour la patrie.*

2° LE **PASSÉ** :

Son nom seul indique qu'il exprime une action qui s'est faite dans un temps où l'on n'est plus :

Je **combattais** *pour mon pays en 1793.*

Il a deux formes ; mais il n'y a pas lieu de s'y arrêter : on les emploie souvent l'une pour l'autre indifféremment :

Tu **combattais** *autrefois ; autrefois tu* **combattis.**

3° LE **PRÉSENT** :

Qui annonce que l'action se fait dans le temps où l'on parle:

Je **combats** *maintenant pour notre patrie.*

4° LE **FUTUR** :

Qui indique que l'action doit être faite dans un temps à venir.

Il comprend :

1° LE FUTUR SIMPLE, à l'aide duquel l'on indique simplement qu'une chose doit être accomplie dans un temps où l'on n'est pas encore :

Nous **combattrons** *ce soir, peut-être dans quelques heures.*

2° Le CONDITIONNEL, qui exprime qu'une chose se ferait, mais à certaines conditions :

Je **combattrais** *aussi moi, si j'étais plus âgé.*

3° L'IMPÉRATIF, par lequel on commande qu'une chose se fasse (on sait qu'un ton impératif est le ton de celui qui commande) :

Prenez *cent grenadiers* ; *et* **combattez** *l'ennemi.*

4° Le SUBJONCTIF, temps qui est toujours *sous le joug* d'un autre verbe ; de là son nom :

Je veux, *j'*ordonne *qu'il* **combatte** à mes côtés.

Tableau présentant les **MODÈLES DES VERBES.**

1er Modèle.	2me Modèle.	3me Modèle.	4me Modèle.

INFINITIF.

Limer.	**Polir.**	**Devoir.**	**Fendre.**

PARTICIPE PASSÉ.

Limé.	*Poli.*	*Dû.*	*Fendu.*

PARTICIPE PRÉSENT.

*Lim*ant.	*Poliss*ant.	*Dev*ant.	*Fend*ant.

PASSÉ.

Première forme.

*je lim*ais,	*je poliss*ais,	*je dev*ais.	*je fend*ais,
*tu lim*ais,	*tu poliss*ais,	*tu dev*ais,	*tu fend*ais,
*il lim*ait,	*il poliss*ait,	*il dev*ait,	*il fend*ait,
*nous lim*ions,	*nous poliss*ions	*nous dev*ions,	*nous fend*ions,
*vous lim*iez,	*vous poliss*iez,	*vous dev*iez,	*vous fend*iez.
*ils lim*aient.	*ils poliss*aient.	*ils dev*aient.	*ils fend*aient.

Deuxième forme.

*je lim*ai,	*je pol*is,	*je d*us,	*je fend*is,
*tu lim*as,	*tu pol*is,	*tu d*us,	*tu fend*is,
*il lim*a,	*il pol*it,	*il d*ut,	*il fend*it,
*nous lim*âmes,	*nous pol*îmes,	*nous d*ûmes,	*nous fend*îmes,
*vous lim*âtes,	*vous pol*îtes,	*vous d*ûtes,	*vous fend*îtes,
*ils lim*èrent.	*ils pol*irent.	*ils d*urent.	*ils fend*irent.

PRÉSENT.

je lime,	*je pol*is,	*je d*ois,	*je fend*s,
*tu lime*s,	*tu pol*is,	*tu d*ois,	*tu fend*s,
il lime,	*il pol*it,	*il d*oit,	*il fend*,
*nous lim*ons,	*nous poliss*ons,	*nous dev*ons,	*nous fend*ons,
*vous lim*ez,	*vous poliss*ez,	*vous dev*ez,	*vous fend*ez,
*ils lim*ent.	*ils poliss*ent.	*ils doiv*ent.	*ils fend*ent.

FUTUR.

FUTUR SIMPLE.

je limerai,	*je polirai,*	*je devrai,*	*je fendrai,*
tu limeras,	*tu poliras,*	*tu devras,*	*tu fendras,*
il limera,	*il polira,*	*il devra,*	*il fendra,*
nous limerons,	*nous polirons,*	*nous devrons,*	*nous fendrons,*
vous limerez,	*vous polirez,*	*vous devrez,*	*vous fendrez,*
ils limeront.	*ils poliront.*	*ils devront.*	*ils fendront.*

CONDITIONNEL.

je limerais,	*je polirais,*	*je devrais,*	*je fendrais,*
tu limerais,	*tu polirais,*	*tu devrais,*	*tu fendrais,*
il limerait,	*il polirait,*	*il devrait,*	*il fendrait,*
nous limerions,	*nous polirions,*	*nous devrions,*	*nous fendrions,*
vous limeriez,	*vous poliriez,*	*vous devriez,*	*vous fendriez,*
ils limeraient.	*ils poliraient.*	*ils devraient.*	*ils fendraient.*

IMPÉRATIF.

lime,	*polis,*	*dois,*	*fends.*
limons,	*polissons,*	*devons,*	*fendons,*
limez,	*polissez,*	*devez.*	*fendez.*

SUBJONCTIF.

Première Forme.

que je lime,	*que je polisse,*	*que je doive,*	*que je fende,*
que tu limes,	*que tu polisses,*	*que tu doives,*	*que tu fendes,*
qu'il lime,	*qu'il polisse,*	*qu'il doive,*	*qu'il fende,*
q. nous limions.	*q. n. polissions,*	*que n. devions,*	*que n. fendions,*
que vous limiez,	*que v. polissiez,*	*que vous deviez,*	*que v. fendiez,*
qu'ils liment.	*qu'ils polissent*	*qu'ils doivent.*	*qu'ils fendent.*

Deuxième Forme.

que je limasse,	*que je polisse,*	*que je dusse,*	*que je fendisse,*
que tu limasses,	*que tu polisses,*	*que tu dusses,*	*q. tu fendisses,*
qu'il limât,	*qu'il polît,*	*qu'il dût,*	*qu'il fendît,*
q. n. limassions	*q. n. polissions,*	*q. n. dussions,*	*q. n. fendissions*
q. v. limassiez,	*q. v. polissiez,*	*q. v. dussiez,*	*q. v. fendissiez,*
qu'ils limassent	*qu'ils polissent.*	*qu'ils dussent.*	*qu'ils fendissent*

Moyen pratique pour reconnaître si le mot d'un verbe est au
SUBJONCTIF.

Pour écrire complètement bien l'orthographe des mots du verbe, il importe de pouvoir déterminer sans hésitation les temps auxquels ils appartiennent ; nous pensons qu'avec la définition des temps et le tableau des verbes cette détermination est devenue aisée, excepté pour le SUBJONCTIF ; voici un moyen pratique toujours bon pour reconnaître si un mot de verbe est au subjonctif :

On substitue le verbe être au verbe de la phrase qu'on écrit: s'il est naturel d'avoir : *que je* **sois**, *que tu* **sois**, *qu'il* **soit**, c'est au SUBJONCTIF que le verbe se trouve inévitablement ; mais s'il fallait dire *que je* **suis**, *que tu* **es**, *qu'il* **est**, le verbe serait au PRÉSENT.

On vous dicte par exemple :

Il faut QUE TU ***VAINQUES*** *les Russes.*

Comme en remplaçant *vaincre* par *être*, il y aurait lieu de dire :
Il faut QUE TU ***SOIS*** *vainqueur des Russes,*
Vainques appartient au temps du *subjonctif.*

Si, au contraire, on vous dicte :

Il m'a dit QUE TU ***VAINCS*** *toujours les Russes.*

Comme en changeant *vaincre* par *être*, on ne pourrait que dire:
Il m'a dit QUE TU ***ES*** *toujours vainqueur des Russes,*
Vaincs n'est pas au *subjonctif*, mais au *présent.*

On comprend combien la facile reconnaissance du subjonctif est nécessaire, en voyant que dans les exemples ci-dessus l'orthographe du mot du verbe change selon qu'il est à ce temps ou à un autre.

Moyens pratiques pour distinguer une forme du PASSÉ *de l'autre, et le* FUTUR SIMPLE *du* FUTUR CONDITIONNEL.

Après JE les deux **formes du passé** du 1er *modèle* se terminent par le son AI ; le **futur simple** et le **futur conditionnel** de *tous les modèles* par RAI : pour éviter les fréquentes erreurs que font commettre ces ressemblances de finales, il suffit de se pénétrer des remarques suivantes :

1° Toutes les fois que remplaçant JE par *nous*, le verbe se trouverait terminé par **ions**, c'est LA PREMIÈRE FORME DU PASSÉ :

JE *l'aim***AIS**, *et je le lui dis***AIS**.

Il faudrait dire : *nous l'aim*IONS, *et nous le lui dis*IONS : il faut AIS après JE :

Si le verbe se trouvait terminé par **â**MES, c'est la SECONDE FORME DU PASSÉ :

*Je l'accost***AI** *et nous parlâmes.*

Il faudrait dire : *nous l'accost***â**MES et *nous parl***â**MES : il faut AI après JE.

2° Toutes les fois que remplaçant JE par NOUS, le mot du verbe se trouverait terminé par RONS, c'est le FUTUR SIMPLE :

JE *vous assure que* JE *parti***RAI** *demain.*

Il faudrait dire : *je vous assure que nous parti*RONS *demain* : il faut RAI après JE.

Si le mot du verbe se trouvait terminé par RIONS, c'est le CONDITIONNEL :

JE *partir***AIS** *pour Brest, si* JE *trouvais une occasion.*

Il faudrait dire : *nous parti*RIONS *pour Brest, si nous trouvions une occasion* : il faut RAIS après JE.

RÈGLES POUR ÉCRIRE LES FINALES DES VERBES.

Après ***JE*** *et* ***MOI QUI.***

Tout mot d'un verbe du *1er Modèle* se termine par un **E** après JE et MOI QUI :

Je *modifi**E** ;* **je** *jou**E** ; c'est* **moi qui** *remu**E**.*

Excepté au **passé**, au **futur simple**, et au **conditionnel** : **Je** *modifia**I** ; c'est* **moi qui** *remuerai**S***, et pour : **Je** *vai**S***.

Tout mot d'un verbe qui n'est pas du *1er Modèle* prend une **S** après JE et MOI QUI :

Je *ser**S***, **je** *vendrai**S** ; c'est* **moi qui** *reçu**S***.

Excepté :

1° Au **futur** et au **subjonctif** :

C'est **moi qui** *servira**I** ; il faut* **que je** *conclu**E***.

2° Pour j'a**I**, je **vau****X**, je **peu****X**, je **veu****X**, je **fau****X** (inusité)

Je *le veu**X***, *c'est* **moi qui** *le peu**X***.

3° Pour je **souffr****E**, j'**ouvr****E**, j'**offr****E**, je **cueill****E**, je **couvr****E**, je **tressaill****E** :

Je *cueill**E** une fleur ; c'est* **moi qui** *offr**E***.

Après TU ET **TOI QUI.**

Après TU et TOI QUI le mot du verbe de *tous les modèles* à tous les temps se termine par une **S** :

Tu *souri**S***, **tu** *ser**S** ; c'est* **toi qui** *perdai**S***.

L's est toujours précédée d'un **E** si le verbe est du *1er Modèle* et si le mot est au **présent** ou au **subjonctif** :

Tu *modifi**ES**, il faut* **que tu** *jou**ES** ; c'est* **toi qui** *ni**ES***...

L's est encore précédée d'un **E** si le verbe, quoique n'étant pas du *1er Modèle*, est au subjonctif :

Il faut **que tu** *conclu**ES***, **que tu** *ri**ES***, etc.

Après TU et TOI QUI on trouve **X**, au lieu d'une **S**, pour :

Tu *vau**X*** ; **tu** *peu**X** ;* **tu** *veu**X** ;* **tu** *fau**X*** (inusité.)

Après ***IL, ELLE, ON, LUI QUI.***

Tout mot d'un verbe du *1er Modèle* se termine par un **E** après IL, ELLE, ON, LUI QUI, au **présent** et au **subjonctif** :
Il *modifi***E**, *c'est* **lui qui** *balai***E**, *il faut qu'***elle** *jou***E**.

Pour les autres temps,

1° Si le son final du mot du verbe est **A**, on termine ce mot par un **A** simplement :
Il *travaill***A** ; **elle** *jouer***A** ; *c'est* **lui qui** *balaier***A**.

On ne trouve de T avec cette finale que si le mot du verbe est subjugué par un verbe au passé ou au conditionnel :
Je **voulais** *qu'il travaill***âT** ; *qu'elle jou***âT**.

2° Si le son final du mot du verbe est ai, on termine ce mot par AIT :
*Il travaill*AI**T** ; elle *jou*AI**T** ; *c'est* **lui qui** *balaier*AI**T**.

Après IL, ELLE, ON, LUI QUI, tout mot d'un verbe qui n'est pas du premier modèle prend un **T** :
Il *paraî***T** ; **elle** *fini***T** ; *c'est* **lui qui** *reçoi***T**.

Excepté,

1° Le mot du verbe au **futur** et au **subjonctif** :
Il *vaincr***A**, **elle** *coudr***A** ; *qu'***il** *conclu***E**.

2° Le mot du verbe en **DRE**, qui, au **présent**, se termine toujours par un **D** :
Il *ven***D**, **il** *répan***D**, **elle** *ton***D**, **elle** *cou***D**.

Et encore ne faut-il pas que **DRE** soit précédé de **in** ou de **sou**, car dans ce cas **D** se remplace par un **T**, ce qui fait rentrer le mot dans la règle générale :
Il *pein***T** (PEI**N**DRE) ; **il** *absou***T** (ABS**OU**DRE).

3° Enfin on écrit : il **a**, il **vainc**, il **offre**, il **souffre**, il **tressaille**, il **cueille**, il **ouvre**, il **couvre**.

Après NOUS.

Après NOUS faisant l'action que marque un verbe, le mot de ce verbe se termine toujours par une **S** :

Nous *batton***S**, **nous** *martelâme***S**, **nous** *limion***S**.

Après VOUS.

Après vous faisant l'action que marque un verbe, le mot de ce verbe se termine toujours par un **Z** :

Vous *calfatie***Z** ; **vous** *halie***Z** ; **vous** *sorte***Z**.

A moins que le mot du verbe ne se termine par le son TE : dans ce cas, il prend toujours une **S** finale :

Vous *congédiâte***S** ; **vous** *fîte***S** ; **vous** *reçûte***S**.

Après ILS, ELLES, EUX QUI....

Après ILS, ELLES, EUX QUI, ELLES QUI, le mot du verbe se termine toujours par ENT :

Ils *fendai***ENT** ; **ils** *dîn***ENT** ; **ils** *poliss***ENT**.

Quand le son final du mot du verbe est ON, le mot se termine par ONT :

Ils ONT ; **ils** *f***ONT** ; **ils** *polir***ONT**.

Remarques complémentaires pour écrire la finale des mots du verbe.

Après JE et TU, au **présent**, on retrouve la lettre qui précède RE du 4e modèle :

(Battre) *je ba**t**s, tu ba**t**s* ; (rompre) *je rom**p**s, tu rom**p**s* ;
(Vendre) *je ven**d**s, tu ven**d**s* ; (coudre) *je cou**d**s, tu cou**d**s*, etc.

Mais cette lettre doit disparaître pour les verbes :
1° en **sou**DRE (absoudre) : *j'absous, tu absous* ;
2° en **in**DRE (craindre) : *je crains, tu crains* ;
3° en **aî**TRE (naître) : *je nais, tu nais* ;
4° en **oî**TRE (croître) : *je croîs, tu croîs.*

Après JE et TU, au **présent**, *mentir*, *partir*, *sentir*, *se repentir*, *sortir*, perdent le **T** précédant **IR** :

Je mens, tu mens ; *je pars*.., *je sens*,.. *je sors*..
Vêtir le conserve : *je vê**t**s, tu vê**t**s.*

On trouve :

Pour le Présent : *j'acqu***iers**, *je* **meurs**, *je* **vaincs**.
Pour le Subjonctif : *q. j'acqu***ière**, *q. je* **meure**, *q. je* **vainque**.

Le dernier verbe « vaincre » change le **c** par **qu**, partout ailleurs qu'après JE, TU, IL au **présent**, qu'au **futur simple** et au **futur conditionnel** (*je vain**c**s, je vain**c**rai, je vain**c**rais*): nous vain**qu**ons, que je vain**qu**e.

VERBES INTERROGATIFS.

Quand on interroge les mots **je, tu, il** ou **elle, on, nous, vous, ils** ou **elles**, au lieu d'être placés avant les mots des verbes, sont placés après : par suite, les règles que nous venons de donner, au lieu d'être applicables après **je, tu, il**..., le sont avant :

*Modifie***S-tu**, *croyai***T-il**, etc

Quand devant **il, elle, on**, le verbe ne se termine pas par un T, il faut avoir le soin d'en placer un entre le VERBE et IL, ELLE, ON, dont on le sépare par deux petits traits horizontaux:

*Emploie-***T***-il* ? *marchera-***T***-elle* ? *envoie-***T***-on* ?

*Remarques pour écrire la finale de l'***Impératif**, *du* **Subjonctif** *et de l'***Infinitif**.

On écrit la finale des trois mots de l'Impératif comme au présent après **tu**, **nous**, **vous**.

*Poli***S** (tu polis), *amarron***S** (nous amarrons), *attaque***Z** (vous attaquez).

A moins que le verbe ne soit du 1er modèle : dans ce cas, on supprime l's du mot après **tu** sous entendu :

Rabote, — *amarre*, — *fusille*.

Cependant dans ce dernier cas, l's se conserve devant le mot **en** : si ce mot équivaut à : *de cela*, *quelques-uns d'eux*...

*Rabote***S**-*en*, *amarre***S**-*en*, *fusille***S**-*en*.

On écrit exceptionnellement les impératifs : **aie**, **sois**, **sache**, **veuille**....

Tout mot du verbe au **subjonctif** doit se terminer pour tous les modèles par :

E, après **je** : il faut que je voi**E**.
ES, après **tu** : il faut que tu vérifi**ES**.
E, après **il** : il faut qu' il remu**E**.

Excepté pour qu'il *ait*, et que je *sois*, que tu *sois*, qu'il *soit*.

Un verbe du 1er modèle est terminé par une R après :

1° **à**	*nous aimons*	**à**	forge**R**.
2° **de**	*nous venons*	**de**	rame**R**.
3° **par**	*vous finirez*	**par**	trace**R**.
4° **pour**	*tu arriveras*	**pour**	manœuvre**R**.
5° **sans**	*ils fuiront*	**sans**	résiste**R**.
6° **Un autre verbe**.	*ils voudront*		marche**R**.

Excepté pour ce dernier cas, si le 1er verbe est le verbe *avoir* ou *être* :

*Nous avons attaqu***É** ; *je suis attaqu***É**.

Et si entre les 2 verbes on peut supposer le verbe *être* :

Je **meurs** (*parce que j'ai été*) **assassinÉ**.

Il est remarquable que *été* équivalant à *allé* veut une **r**, à la finale du verbe du 1er modèle qui le suit :

J'ai été (*je suis allé*) **travailleR**.

Règles pour écrire le corps de certains verbes.

Verbes en IER, YER, LLER, LLIR.

Un verbe terminé en :

IER, comme VÉRIFIER, prend deux **I**,

YER, comme corroYER, prend **YI**,

LLER, LLIR, comme TRAVAILLER, CUEILLIR, prend **LLI**, partout où le verbe *limer* (*ce verbe est pris entre tous les verbes en* ER *comme terme de comparaison*) se trouve avoir un I après l'M :

Ainsi on doit écrire :

*Il faut que nous purif***II***ons le fer.*

*Il faut que nous corro***YI***ons le fer.*

*Il faut que nous travai***LLI***ons le fer, cuei***LLI***ons la fleur.*

Parce qu'en remplaçant *purifier*, *corroyer*, *travailler*, *cueillir*, par *limer*, on aurait :

*Il faut que nous lim***I***ons le fer.*

On a un I à *limer*, dont l'infinitif en *mer* n'a pas d'I.

Donc il fallait :

Deux I à *purif***II***ons.*

Un Y et un I à *corro***YI***ons.*

Deux LL et un I à *travai***LLI***ons*, et à *cuei***LLI***ons.*

Dont les infinitifs sont en IER, YER, LLER (yer), LLIR (yir).

Il est encore remarquable que tout verbe qui, au PRÉSENT, après *nous*, *vous*, a un **I**, ou un **Y**, a deux **I**, ou **YI**, au PASSÉ et au SUBJONCTIF : c'est ainsi que pour le verbe *rire*, on écrit : *autrefois nous r***II***ons*, *vous r***II***ez*, *il faut que nous r***II***ons*, *que vous r***II***ez*, et que pour FUIR, ÉCHOIR, DÉCHOIR, POURVOIR, VOIR, ASSEOIR, TRAIRE, CROIRE, on orthographie : *autrefois nous vo***YI***ons*, *il faut que nous fu***YI***ons.....*

Verbes en ***ELER*** ET ***ETER***.

Quand un verbe est terminé par ELER (l'*e avant* LER *n'étant surmonté d'aucun accent*), il faut doubler L toutes les fois qu'elle se trouverait entre deux E :

Soit *ciseLer* : il faut écrire :

*L'artiste cis***ELLE** *un vase d'argent.*

*Le fourrier app***ELLE***ra les hommes*

*Les matelots cap***ELLE***ront le chouquet.*

Excepté à l'**infinitif,** au **présent,** après *vous,* et au **passé, 2me forme,** après *ils* :

*Il faut cise***L***er.*

*Vous cise***L***ez un vase magnifique,*

*Ils cise***L***èrent un beau vase.*

Partout ailleurs, on n'écrit le verbe qu'avec une L :

*L'ouvrier cise***L***a un calice d'or.*

*Nous appe***L***ons les hommes de service.*

*Il faut que nous cape***L***ions les hunes.*

On double ou on ne double pas le T, dans les mêmes cas, des verbes en ETER (l'*e avant* TER *n'étant surmonté d'aucun accent*):

*J'étiqu***ETTE** *les objets reçus*

*Il ach***ETTE***ra ces marchandises.*

*L'officier proje***T***a une attaque.*

*Nous reje***T***ons la proposition de capituler.*

*Il faut que nous je***T***ions le lest à la mer.*

Verbes en ÉER.

Tout verbe terminé en ÉER a deux E aux mots du modèle :

*Je gr***ÉE** *; nous cr***ÉE***rons ; qu'il suppl***ÉE**.

Excepté devant A, O, I :

*Je gr***É***ai ; nous cr***É***ions ; nous suppl***É***ons.*

(Nous expliquerons à l'article du participe passé que ces verbes ont parfois trois E : une proposition agr**ÉÉE**.

Verbes en GER.

Dans les verbes en GER, on trouve GEO, GEA ; jamais GO. GA:

*Nous man***GEO***ns ; vous naufra***GEâ***tes ; il man***GEA**.

Verbes en GUER.

Tous les verbes en GUER conservent GU dans tous les mots du modèle :

*Je distin***GU***e ; nous conju***GU***âmes ; nous vo***GU***ons.*

Verbes en QUER.

Tous les verbes en QUER conservent QU dans tous les mots du modèle :

*Je communi***QU***e ; nous trafi***QU***ons ; vous indi***QU***ez.*

Verbes en YER.

Dans les verbes en YER, on remplace l'Y de l'infinitif par un I partout où il se trouverait devant un E non surmonté d'un accent :

*Je pa***I***erai ; tu débla***I***es ; il louvo***I***e.*

Remarques complémentaires pour écrire le corps des verbes.

—

Tout verbe du 1er *modèle* veut un E avant l'R du **futur simple** et du **futur conditionnel** :

*Je modifi***E***Rai, je nou***E***Rai, je remu***E***Rai...*

Tout verbe qui n'est pas du 1er *modèle* ne veut pas d'E avant l'R du **futur simple** et du **futur conditionnel** :

*Je conclu***R***ai, je recev***R***ai, je fini***R***ai...*

Excepté **cueillir, asseoir, faire, saillir, tressaillir** :

*Je cueill***e***rai, je f***e***rai, j'ass***e***yerai, je tressaill***e***rai..*

On trouve 2 **R** aux futurs et aux conditionnels ci-après :

*je ve***RR***ai,*	*je ve***RR***ais,*	*j'acque***RR***ai*(1),	*j'acque***RR***ais,*
*j'enve***RR***ai,*	*j'enve***RR***ais,*	*je pou***RR***ai,*	*je pou***RR***ais,*
*je cou***RR***ai,*	*je cou***RR***ais,*	*il éche***RR***a,*	*il éche***RR***ait,*
*je mou***RR***ai,*	*je mou***RR***ais.*	*il che***RR***a,*	*il che***RR***ait.*

(1) Et tous les verbes en QUÉRIR : je CONQUERRAI, je REQUERRAI.

Asseoir, surseoir perdent dans le cours de la conjugaison **le** qui précède **oi** :

Je m'assois, je sursois, je m'assoirai, je m'assoirais...

Surseoir cependant le conserve au futur et au conditionnel :

*Je surs***e***oirai, tu surs***e***oiras,... je surs***e***oirais...*

On trouve pour *asseoir* une forme très-usitée qui au présent s'orthographie ainsi :

*Je m'ass***ieds***, tu t'ass***ieds***, il s'ass***ied***... ils s'ass***eyent***.*

Tenir, venir présentent cette particularité qu'ils ont deux S de suite après une N dans :

*Que je tin***SS***e, que tu tin***SS***es* etc.; *que je vin***SS***e*, etc.

4.

Remarques pour écrire la finale des verbes.

On l'écrit :	Exceptions :	On l'écrit :	Exceptions
INCER :		ONCER :	
*p*incer, *gr*incer, etc.	»	*enf*oncer, *ann*oncer, etc.	»
AUDER :		OSSER :	
*tar*auder, *mar*auder, etc.	**rôder.**	*emb*osser, *éc*osser, etc.	**nocer.**
ENDRE :		OUSSER :	
*f*endre, *v*endre, etc.	rép**andre.**	*p*ousser, *m*ousser, etc.	courr**oucer.**
MENTER :		PENSER :	
*aug*menter, *ci*menter, etc.	ai**manter.**	*dé*penser, *com*penser, etc.	**panser** (soigner).
CÉDER :		ONTER :	
*pré*céder, *ex*céder, etc.	ob**séder,** pos**séder.**	*aff*ronter, *surm*onter, etc.	d**ompter.** **compter.**
ANDER :		ISSER :	
*dem*ander, *march*ander, *réprim*ander, etc.	am**ender,** appréh**ender,** vilip**ender.**	*ép*isser (une corde) *pl*isser, *t*isser, etc.	ép**icer,** pol**icer,** imm**iscer.**
EINDRE :		OIR :	
*t*eindre, *p*eindre, *f*eindre, etc.	**craindre,** **plaindre,** contr**aindre.**	*v*oir, *dev*oir, *concev*oir, etc.	**seoir,** **boire,** cr**oire.**

RCER :		CIER :	
forcer,	verser,	grâcier,	scier,
bercer,	herser,	remercier,	asphyxier,
amorcer,	disperser.	associer,	initier,
écorcer, etc.		apprécier, etc.	balbutier.

ENTIR :		CIR :	
mentir,	nantir,	adoucir,	transir,
repentir,	anéantir,	éclaircir,	grossir,
retentir,	apesantir,	amincir,	réussir,
sentir, etc.	empuantir.	noircir, etc.	épaissir.

La finale des verbes en IR s'écrit :

IR, si le participe présent ne se termine pas par IVANT ou ISANT :	Exceptions :	IRE, si le participe présent se termine par IVANT ou ISANT :	Exceptions :
embellir,	rire,	lire (lisant)	»
choisir,	frire,	dire (disant),	
convenir,	bruire,	écrire (écrivant),	
démolir, etc.	maudire.	conduire (conduisant)	

Tous les verbes commençant par le son **an**, s'écrivent :

EM (devant P, B) :	Exceptions :	EN :	
emporter,	ambitionner,	enclouer,	ancrer,
embellir,	amplifier,	engloutir,	antidater,
emprunter,	amputer.	enfoncer,	anticiper
embarquer, etc.		enfuir (s'), etc.	et hanter).

Remarques pour l'emploi de lettres doublées dans les verbes.

On ne trouve pas de lettre doublée à la finale dans les verbes

EN		EXCEPTIONS :
AMER . . .	ramer, etc	enflammer.
ILISER. . .	utiliser, etc	tranquilliser.
OLER . . .	racoler, etc	coller.
LIER	spolier, etc	allier, pallier.
ALER. . . .	affaler, etc	aller, déballer, installer.
ALISER . .	minéraliser, etc .	cristalliser, métalliser.
ILER	annihiler, etc. . .	vaciller, titiller, osciller, distiller, scintiller.
NISER . . .	organiser, etc. . .	solenniser, tyranniser.
NIR	munir, etc.	bannir, hennir, honnir, abonnir.
ANER. . . .	faner, etc.	vanner, tanner, empanner, rouanner (damner).
IPER. . . .	équiper, etc	nipper, fripper, chipper, gripper.
APER . . .	déraper, etc	happer, japper, frapper, échapper, égrapper.
ORER . . .	arborer, etc	abhorrer.
ÉRIR. . . .	périr, etc	aguerrir, atterrir.
OURER . .	entourer, etc. . . .	bourrer, fourrer.
OURIR. . .	courir, etc.	nourrir, pourrir.
ARER . . .	accaparer.	arrher, narrer, barrer, carrer, amarrer, chamarrer.
ITER. . . .	éviter, etc	quitter, acquitter.
TIR	aplatir, etc	blottir, assujettir.
ATER . . .	relater, etc	latter, flatter, gratter.

On trouve toujours une lettre doublée à la finale des verbes en:

OMMER. . .	nommer, etc . . .	(Sans Exceptions).
ONNER. . .	talonner, etc . . .	détoner (faire explosion), ramoner, époumoner.

Verbes dont l'orthographe diffère, bien que la prononciation soit la même.

ALLER . . . (marcher, etc) : Il faut **aller** là.
HALER . . . (tirer avec un cordage) : Il faut **haler** le bateau.

ANCRER. . . (jeter l'ancre) : Il faut **ancrer** en rade.
ENCRER. . . (enduire d'encre) : Je veux **encrer.**

ANOBLIR . . (donner des lettres de noblesse): Le roi peut **anoblir.**
ENNOBLIR . (donner de la noblesse morale): La vertu doit **ennoblir.**

BUTER . . . (soutenir, étayer) : Il faudra **buter** ce mur.
BUTTER. . . (garnir de terre, broncher) : Il faut **butter** ce céleri.

CÉLER . . . (cacher, tenir secret) : Il faut **céler** la nouvelle.
SCELLER . . (mettre le sceau) : Il faut **sceller** la dépêche.
SELLER. . . (pourvoir d'une selle) : Il faut **seller** le cheval.

CONTER . . (raconter) : Je vais **conter** l'évènement
COMPTER. . (calculer, etc). : Je sais écrire et **compter**.

EPICER. . . (assaisonner d'épices) : Je viens d'**épicer** ce mets.
EPISSER . . (faire une épissure) : Venez **épisser** la corde.

EXAUCER. . (accomplir) : Je puis **exaucer** ton vœu.
EXHAUSSER. (surélever) : J'ordonne d'**exhausser** ce mur.

LACER . . . (serrer avec un lacet) : Venez **lacer** ma bottine.
LASSER . . (fatiguer) : Ce fardeau doit le **lasser.**

LUTER. . . (boucher) : La cornue peut se **luter.**
LUTTER . . (combattre) : L'hercule veut **lutter.**

PANSER . . (soigner) : Il faudra **panser** le cheval.
PENSER . . (réfléchir) : Il faut **penser** à l'avenir.

RAISONNER. (donner des raisons) : L'enfant aime à **raisonner**.
RÉSONNER . (produire des sons) : Le canon va **résonner.**

SOUFFRE(je). (j'ai de la douleur) : Je **souffre** de ma blessure.
SOUFRE (je). (j'enduis de soufre) : Je **soufre** ces allumettes.

VANTER . . (louanger) : Il aime à **vanter** son talen
VENTER . . (produire du vent) : Il commence à **venter.**

ORTHOGRAPHE DES PARTICIPES.

Règles pour écrire le **PARTICIPE PASSÉ.**

Le PASSÉ DE L'INFINITIF a été appelé PARTICIPE parce qu'il a une partie de la nature de l'adjectif. Il a de l'analogie avec ce mot à tel point que l'orthographe de tous les deux est soumise à des règles tout-a-fait semblables, quand ils sont combinés avec le verbe *être* exprimé ou sous entendu : on écrit, en effet, d'après les mêmes principes :

Ces MÉTAUX **sont** POL**IS** (*participe*).
Ces OUVRIERS **sont** POL**IS** (*adjectif*).
Les NAVIRES **sont** NAUFRAG**ÉS** (*participe*).
Les MATELOTS **sont** **â**G**ÉS** (*adjectif*).
Les PLACES **sont** INVEST**IES** (*participe*).
Les TROUPES **sont** HARD**IES** (*adjectif*).

Mais le *participe passé* se combine aussi avec le verbe *avoir*, et dès lors l'accord en est soumis à des lois particulières d'après lesquelles on écrit :

Les métaux que nous **avons** POL**IS**.
Nous **avons** POL**I** *des métaux*.
Les frégates que nous **avons** GR**ÉÉES**.
Nous **avons** GR**ÉÉ** *des frégates*.
Les sentinelles que nous **avons** V**UES**.
Nous **avons** V**U** *des sentinelles*.

Avant d'enseigner à observer les règles qui obligent à cette différence d'orthographe, des remarques importantes doivent être faites.

Moyens pour former le **PARTICIPE PASSÉ**.

On forme le participe passé d'un verbe, savoir :

1° Pour le *1er* et le *2e Modèle*, en supprimant l'R de l'infinitif : LIMER, etc... *lim***É**, *étudi***É**, *agré***É**, *broy***É**, *cisaill***É**, etc. POLIR, etc... *pol***I**, *démol***I**, *vern***I**, *équarr***I**, *avert***I**, etc.

Excepté pour TEN**U**, VEN**U**, COUR**U**, OUVER**T**, OFFER**T**, COUVER**T**, MOR**T**, participes de *tenir*, *venir*, etc.

2° Pour le *3e Modèle* en changeant *oir*, *ouvoir*, *evoir*, en U : DEVOIR, etc... *d***û**, *éch***U**, *fall***U**, *aperç***U**, *reç***U**, *v***U**, etc.

Excepté pour PL**U**, S**U**, ASSI**S**, POURV**U**, E**U**, participes de *pleuvoir*, *savoir*, *asseoir*, *pourvoir*, *avoir*.

3° Pour le *4e Modèle* en changeant RE de l'infinitif en U : FENDRE, etc... *fend***U**, *fond***U**, *perd***U**, *vend***U**, etc.

Excepté pour DI**T**, ÉCRI**T**, FRI**T**, CONFI**T**, L**U**, ÉL**U**, MOUL**U**, CONCL**U**, EXCL**U**, RÉSOL**U**, COUS**U**, B**U**, CR**U**, CR*û*, T*û*, VÉC**U**, CONN**U**, PAR**U**, ÉT**É**, N**É**, TRAI**T**, FAI**T**, R**I**, LU**I**, SUFF**I**, SUIV**I**, M**I**S, CIRCONCI**S**, CLO**S**, ABSOU**S**, DISSOU**S**, PEIN**T** (et autres d'un verbe en EINDRE) ; CUI**T** (et autres d'un verbe en UIRE); PRI**S** (et autres d'un verbe en PRENDRE), participes de *dire*, etc.

Emploi du **PARTICIPE PASSÉ** *en général.*

Le *participe passé* est le seul mot de verbe qu'on emploie après un mot du verbe *avoir* ou du verbe *être*, exprimé ou sous-entendu. Après ces verbes, on ne peut donc écrire qu'un mot verbal terminé par E pour le *1er Modèle*, I pour le *2e*, U pour le *3e* et le *4e*, en tenant compte en outre des exceptions et des règles d'accord :

Il **a**... *il* **esT**... LIM**É**, POL**I**, D**û**, FEND**U**.

Cependant on trouve, en ce qui concerne le *1er Modèle*, l'infinitif, après *été* équivalant à *allé* :

J'ai **été** TRAVAILLE**R** *là plusieurs fois.*

Et pour tous les autres modèles l'*infinitif* dans les phrases de ce genre :

Ce **serait** TRAVAILLE**R** (faire du travail) *inutilement.*

Remarques pour écrire

LA FINALE DU **PARTICIPE PASSÉ.**

Tout participe passé qui fait SE au féminin a une S, au masculin singulier :

Un outil MI**S** *à bord* ; *une vis* MI**SE** *en place.*

Un drapeau PRI**S** ; *une ville* PRI**SE**.

Celui qui fait TE au féminin a un T au masculin singulier :

Un billet ÉCRI**T** ; *une pétition* ÉCRI**TE**.

Un fantassin MOR**T** ; *une balle* MOR**TE**.

Excepté ABSOUS et DISSOUS, qui, quoique faisant au féminin : ABSOUTE et DISSOUTE, se terminent par une S :

Une réunion DISSOU**TE** ; *un conseil* DISSOU**S**.

Tous les participes passés qui ne font pas TE ou SE au féminin, se terminent par É au masculin, deux E au féminin :

Un navire DÉMÂT**É** ; *une frégate* DÉMÂT**ÉE**.

Ou par deux E au masculin, trois E au féminin, si ce sont les participes des verbes en ÉER :

Un brick GR**ÉÉ** ; *une corvette* GR**ÉÉE**.

Ou par un I, au masculin ; IE au féminin :

Un acier POL**I** ; *une surface* POL**IE**.

Ou par un U, au masculin ; UE, au féminin :

De l'acier FOND**U** ; *la matière* FOND**UE**.

Pour former le pluriel des participes passés qui ne sont pas déjà terminés au singulier par une S, on ajoute une S à leur finale :

Des villes PRISE**S** ; *des pétitions* ÉCRITE**S**.

Des navires DÉMÂTÉ**S** ; *des corvettes* DÉMÂTÉE**S**.

Des aciers FONDU**S** ; *des surfaces* POLIE**S**.

Règles pour écrire

LE **PARTICIPE PASSÉ** COMBINÉ AVEC **AVOIR**.

Nous avons dit que le participe passé combiné avec *être* exprimé ou sous-entendu s'accorde comme un véritable adjectif qualificatif avec le substantif dont il s'agit, c'est-à-dire qu'il s'accorde que ce substantif soit AVANT ou APRÈS lui : mais il n'en est pas de même du participe passé du verbe combiné avec *avoir*, il ne s'accorde avec les mots représentant les personnes ou les choses dont on s'occupe que si ces mots le **précèdent**, et reste complètement invariable, si ces mots le **suivent**.

Il y a un moyen très-simple pour reconnaître si l'accord doit avoir lieu : il faut faire la question QUI, s'il s'agit de personnes, et QUOI s'il s'agit de choses ; si le mot de la réponse se trouve **avant** le participe, il y a accord, mais s'il est **après**, le participe passé est toujours au masculin singulier.

Par exemple on vous dicte :

Les FRÉGATES *que nous* **avons** ARM**É-ES**.

Vous écrivez tout d'abord ARMÉ comme vous l'indique la prononciation ; mais, vous apercevant que ce participe passé est précédé d'*avoir*, vous faites la question : NOUS AVONS ARMÉ QUOI ? Le mot de la réponse étant FRÉGATES, et ce mot se trouvant placé *avant le participe*, celui-ci doit s'accorder avec FRÉGATES, d'après la règle : vous ajoutez alors un E et une S, et vous avez ARM**ÉES**.

Mais dans cette phrase :

Nous avons ARMÉ *des* FRÉGATES.

Après avoir écrit ARMÉ, vous faites la question : NOUS AVONS ARMÉ QUOI ? La réponse est encore le mot FRÉGATES ; mais cette fois il est **après** le participe au lieu d'être **avant** : conformément au principe, on écrit seulement : ARMÉ.

Ce qui vient d'être expliqué étant bien compris, les participes passés ne présentent plus que des difficultés apparentes.

Il résulte de là, d'abord, que toutes les fois qu'il n'y a aucun mot répondant convenablement à la question *qui* ou *quoi*, le participe reste au masculin singulier :

Des hommes ont PÉRI ; *des frégates ont* SOMBRÉ.

On ne peut pas PÉRIR QUELQU'UN, ni SOMBRER QUELQUE CHOSE : on ne peut donc pas dire ; ONT PÉRI QUI ? ONT SOMBRÉ QUOI ? Il ne serait possible que de dire : QUI EST-CE QUI A PÉRI ? QU'EST-CE QUI A SOMBRÉ ? Et les mots des réponses seraient : HOMMES, FRÉGATES. Ils sont avant les participes PÉRI et SOMBRÉ, il est vrai ; mais jamais un participe passé précédé d'avoir ne peut s'accorder avec le mot répondant à la question : QUI EST-CE QUI ? QU'EST-CE QUI ? Donc, il était impossible qu'il y eût acccord.

C'est encore parce qu'on ne peut pas exercer l'action de dormir, de régner, de vivre, de voyager, etc., sur un laps de temps, mais parce qu'on ne peut faire cette action que **pendant** un intervalle de temps, qu'on écrit :

Les douze heures qu'il a dormi ;
Les dix ans qu'il a régné ;
Les trois mois qu'il a vécu ;
Les vingt jours qu'il a voyagé, etc.

Règles pour écrire le participe passé, combiné avec le verbe être précédé de **je, me, tu, te,** *etc.*

Le *participe passé* combiné avec le verbe ÊTRE s'accorde toujours comme un véritable qualificatif, avec le mot auquel il se rapporte, excepté quand le verbe ÊTRE est précédé de : *je, me, tu, te, il* ou *elle*, ou *un substantif singulier... se, nous, nous, vous, vous, ils* ou *elles*, ou *un substantif pluriel... se*. Dans ce cas, il faut, par la pensée, remplacer le verbe ÊTRE par le verbe AVOIR, et faire accorder ou non, en observant les règles données page 49 et 50; on écrit :

Les FRÉGATES SE **sont** ABORD**ÉES**

Les BOULETS *que les frégates* SE **sont** TIR**ÉS**.

1er cas : *Les frégates* ont *abordé* **quoi** ? — Elles, représenté par SE qui est **avant** le participe : accord. — 2e cas : *Les frégates* ont *tiré à elles* **quoi** ? des BOULETS ; le mot de la réponse est **avant** : accord :

Les frégates SE **sont** TIR**É** *des* BOULETS.

Les frégates SE **sont** SUCCÉD**É** *dans le bassin*.

1er cas : *Les frégates* **ont** *tiré à elles* **quoi**?—Des BOULETS: le mot de la réponse est **après** le participe : pas d'accord. — 2e cas : *Les frégates* **ont** *succédé* **à quoi**? — On ne peut pas faire la question **quoi** : pas d'accord.

On peut dire : *j'aborde, je tire*, etc..., mais il y a des verbes comme *repentir, abstenir*,... pour lesquels *je, tu, il*, etc., sont dans tous les cas suivis de *me, te, se*... Les participes de ces verbes s'accordent toujours avec les mots auxquels ils se rapportent :

Ces frégates SE **sont** ABSTEN**UES** *de tirer*.

Enfin on écrit avec accord :

Les marchandises SE **sont** VEND**UES**.

Et il en est de même dans d'autres phrases identiques, car *se sont vendues* équivaut à *ont été vendues*.

*Règles pour écrire quand il est précédé d'*AVOIR *le* PARTICIPE PASSÉ **avant** *un* ***INFINITIF.***

Souvent des participes passés, précédés d'**avoir**, et surtout *vu, entendu,* se trouvent avant un *infinitif.* Pour les écrire correctement, il faut alors tout simplement déterminer si les personnes ou les choses représentées avant le verbe *avoir* par un substantif ou un autre mot, font ou ne font pas l'action marquée par l'infinitif. Si elles font cette action, l'accord du participe a lieu avec les personnes ou les choses en question ; dans le cas contraire, le participe est toujours invariable ; on écrit en conséquence :

Les MÉTAUX *que nous avons* VU **polir.**
(Les métaux étaient polis, et ne polissaient pas).

Les OUVRIERS *que nous avons* VUS **polir.**
(Les ouvriers faisaient l'action de polir).

La règle est la même si, entre le participe et l'infinitif, il y a les mots **à**, DE, POUR...

Les FRÉGATES *que nous avons* OUBLIÉ DE **démolir.**
(Les frégates ne peuvent pas faire l'action de démolir).

Les GÉNÉRAUX *que nous avons* PRIÉS D'**attaquer.**
(Les généraux doivent faire l'action d'attaquer).

Fait, dû, pu, voulu, cru, sont toujours invariables avant un infinitif.

Tout participe passé s'accorde avant un infinitif précédé de SE:

Les ferrures que nous avons VUES s'**oxyder**, etc...

LE PARTICIPE PASSÉ EMPLOYÉ AVEC LE PEU.

Quand il est possible de supprimer LE PEU, *sans qu'une phrase soit altérée*, le participe qui suit cette expression, s'accorde comme si le PEU était réellement annulé.

Ainsi cette phrase :

LE PEU — *d'instruction que vous avez* REÇ**UE,** *vous permettra de devenir maître*

pourrait évidemment se réduire à ceci :

L'INSTRUCTION QUE VOUS AVEZ REÇUE, etc. ;

accord en supprimant LE PEU, par la pensée.

Mais cette phrase :

LE PEU *d'instruction que vous avez* REÇ**U**, *ne vous permet pas de devenir caporal.*

ne saurait se réduire à :

L'INSTRUCTION QUE VOUS AVEZ REÇUE, etc.

car pour ne pas passer caporal, il faut manquer d'instruction : LE PEU est donc nécessaire à la phrase : c'est avec lui que le participe s'accorde, et comme il est masculin singulier de sa nature, le participe reste au masculin singulier, c'est-à-dire invariable.

On écrirait encore d'après le même sentiment :

LE PEU *de bonté que vous m'avez* MONTR**ÉE** *m'a rendu le courage.*

(C'est-à-dire : *la bonté que vous m'avez montrée...*)

LE PEU *de bonté que vous m'avez* MONTR**É** *m'a fait perdre courage.*

(C'est-à-dire : *le manque de bonté que vous m'avez montré*, etc.)

Orthographe du participe passé combiné avec avoir :

1° — précédé de **EN**

Lorsqu'un participe passé est combiné avec le verbe *avoir*, et qu'entre ce verbe et les mots *je, tu, il ou elle, nous, vous, ils ou elles, on*, il ne se trouve que le mot EN, le participe est invariable, c'est-à-dire toujours au masculin singulier :

Vous parlez de victoires ; nous **en** *avons* REMPORTÉ *jadis.*

Dans le même cas, le participe est aussi invariable, si avant *je, tu, il*... il n'y a que les mots *combien, autant, plus*...

Vous parlez de victoires ; COMBIEN *on* **en** *a* REMPORTÉ.

Mais si avant *je, tu, il, nous*,... il y a le mot QUE précédé d'un substantif répondant à la question *qui* ou *quoi*, faite après le participe, celui-ci s'accorde avec le substantif :

Quelle colonie ! quelles RESSOURCES *nous* **en** *avons* TIRÉES.

Si entre le verbe *avoir* et *en*, il y a un autre mot représentant des personnes ou des choses, l'accord du participe a lieu avec ce mot :

Les ouvrières ont chômé ; nous LES **en** *avons* BLÂMÉES.

2° — précédé de **LE**

Si le mot LE précédant *avoir* représente une personne, une chose, le participe qui suit avoir, s'accorde comme à l'ordinaire:

Cette femme m'a paru sincère ; et je **l'***ai* CRUE.

parce que le sens vrai est : *cette femme m'a paru sincère, et j'ai cru cette femme.*

Mais si, dans le même cas, LE représente, non une personne ou une chose, mais *une partie de phrase*, ce qu'on reconnaît en faisant suivre le participe du mot *que*..., le participe est invariable ; on écrit :

Elle est moins sincère que je ne **l'***avais* CRU,

parce que le sens vrai est : *elle est moins sincère que n'avais cru qu'elle était sincère.*

Invariabilité et **variabilité** de divers **participes.**

Excepté, supposé, passé, approuvé, certifié, vu... sont *variables* quand ils sont placés après les substantifs auxquels ils se rapportent :

Les frégates EXCEPTÉES, *tous les navires partiront.*

Mais ces mots sont *invariables* quand ils sont placés avant les substantifs avec lesquels ils concordent :
EXCEPTÉ *les* FRÉGATES, *tous les navires partiront.*

Joint précédé de CI est variable quand, placé après un verbe, il est suivi d'un substantif précédé de *la, les... une, deux.* . *ma, mes ; ta, tes ; sa, ses ; leur, leurs..*

Vous trouverez CI-JOINTES *les* PIÈCES *en question.*

Mais *Joint* précédé de CI, est invariable quand, placé après un verbe, il est suivi d'un substantif, non précédé de *la, les... une, deux,*... *ma, mes ; ta, tes* ; etc :

Vous trouverez CI-JOINT COPIE *des pièces.*

Ci-joint formant tête de phrase, est toujours invariable :
CI-JOINT *les* PIÈCES *communiquées.* — CI-JOINT COPIE.

Le participe de *se parler* est variable quand il s'agit de langues, de dialectes :

Ces LANGUES *se sont* PARLÉES *dans l'antiquité.*

Il est invariable dans les autres cas :
Ces DAMES *se sont* PARLÉ *avec animation.*

Le participe de *se proposer* est variable avant POUR...
Ces OUVRIÈRES *se sont* PROPOSÉES POUR *passer la nuit.*

Il est toujours invariable avant DE :
Ces OUVRIÈRES *se sont* PROPOSÉ *de passer la nuit.*

L'orthographe de *coûté, pesé, valu*, ne peut guère être précisée, à cause de la diversité d'opinions des hommes les plus instruits. Ce sont dès lors de ces mots qu'on peut écrire comme on veut, et qu'un examinateur ne pourrait corriger si l'on avait d'ailleurs observé les principes ordinaires.

Cas où certains **participes passés** *sont toujours invariables*

Tout participe passé suivi d'un substantif est invariable après : *il est... il était... il s'est... il s'était...*

Il est ARRIVÉ *des colis ; il s'est* GLISSÉ *des erreurs.*

Tout participe passé est invariable entre deux QUE :

Les tempêtes **que** *j'ai* SU **que** *vous essuyâtes.*

Excepté si le participe placé entre deux QUE est celui d'un verbe exprimant la *persuasion*, *l'avertissement* :

Les marins **que** *j'ai* PRÉVENUS **que** *le brick est perdu.*

EU est toujours invariable après *il y a..., il y avait...* :

*Les bourrasques qu'*IL Y A EU, *qu'*IL Y AVAIT EU...

ÉCHAPPÉ est toujours invariable devant BELLE :

Les arrière-gardes l'ont ÉCHAPPÉ BELLE.

DormI, vécU, voyagÉ, sombrÉ, pérI, régnÉ, tonnÉ, rI, sourI, succédÉ, nuI, suffI, survécU, PlU, déplU, complU... sont toujours cinvariables :

La femme du commandant s'est PLU *à me protéger.*

Particularités sur le participe de **bénir** *et des verbes en* **éer.**

BénIT, bénITE : le participe passé de BÉNIR avec être, prend un T quand on a employé de l'eau bénite :

Le vaisseau fut BÉNIT ; *la frégate fut* BÉNITE.

On écrit **BénI, bèniE** s'il n'y a pas emploi d'eau bénite :

Mon fils, sois BÉNI ; *femme charitable, soyez* BÉNIE.

GrÉÉ, grÉÉE... : tout participe passé d'un verbe en ÉER a deux E au masculin, et 3 E au féminin :

Un brick GRÉÉ ; *une corvette* GRÉÉE.

Règles pour écrire
le **participe** *en* **ant** *et le* **qualificatif** *semblable.*

Le mot en ANT des verbes : *limant, polissant, devant, fendant....* est fréquemment employé comme *qualificatif* ; c'est de là que vient son nom de *participe*, parce qu'en effet, il *participe* ainsi de la nature du verbe et de celle du *qualificatif*. Le participe en ANT, quand il est employé pour *marquer une qualité, un état, une manière d'être, soit habituelle, soit prolongée,* devient *qualificatif*, et sa finale subit les modifications particulières à cette espèce de mot, tandis que si l'on s'en sert *pour représenter l'accomplissement d'une action*, il reste *participe*, et se trouve alors toujours terminé par *ant*, toujours *invariable*.

Si, par exemple, sans vouloir préciser que des sabres ont ordinairement la qualité de *trancher*, que c'est leur manière d'être..., on tient seulement à exprimer qu'ils ont fait *l'action de trancher* ; on doit écrire :

Je vis les SABRES *des cavaliers* TRANCH**ANT** *les têtes.*

Mais si l'on ne veut pas exprimer l'accomplissement de l'action de trancher, si on tient à préciser que des sabres sont *pour le moment en état de trancher*, ou que c'est *leur manière d'être habituelle*, le mot en ANT devient *qualificatif*, car il s'agit d'une *qualité*... et non d'une action, et alors il faut écrire :

J'ai peur quand je vois des SABRES TRANCH**ANTS**.

Règles pour écrire

LE **Verbe**, LE **Qualificatif** ET LE **Participe** :

1° *se rapportant à* **un seul substantif.**

Quand le *verbe*, le *qualificatif* ou le *participe* se rapporte à UN SEUL SUBSTANTIF SINGULIER, le verbe se met au singulier, et le qualificatif ou le participe au masculin singulier ou au féminin singulier, selon le cas :

Ce SOLDAT **ÉTAIT** HARDI.
Cette CANTINIÈRE **ÉTAIT** CHÉRIE.

Se rapportant à UN SEUL SUBSTANTIF PLURIEL, — le *verbe* s'écrit au pluriel, le *qualificatif* ou le *participe*, au masculin pluriel ou au féminin pluriel, selon le cas :

Ces GRENADIERS **ÉTAIENT** HARDIS.
Ces CANTINIÈRES **ÉTAIENT** CHÉRIES.

2° *Se rapportant à* **plus d'un...**

Se rapportant à un seul substantif singulier précédé de PLUS D'UN, le *verbe* se met au singulier, — le *qualificatif* ou le *participe*, au masculin singulier ou au féminin singulier, selon le cas :

Plus d'un GRENADIER **ÉTAIT** HARDI.
Plus d'une CANTINIÈRE **ÉTAIT** CHÉRIE.

Cependant si, dans le même cas, le verbe exprime un *échange* de sentiment, de coups, de paroles, le verbe s'écrit au pluriel :

Plus d'un MARIN *se* **BATTAIENT** *entre eux.*

Mais pour cela il faut que l'action se fasse entre des personnes, des choses de l'espèce du substantif qui suit PLUS D'UN ; sinon le verbe reste au singulier :

Plus d'un MARIN *se* BATT**AIT** *avec les* CHINOIS.

Si PLUS D'UN est répété, le *verbe* s'écrit au pluriel, et le *qualificatif* ou le *participe* au pluriel masculin ou au pluric féminin, selon le cas :

Plus d'un *grenadier*, **plus d'un** *voltigeur* ÉT**AIENT** HARD**IS**.

3° **C'était, ce serait, ce soit** ..*se rapportant aux substantifs*.

On écrit *c'ét***ait**, *ce ser***ait**, *ce s***oit**, quand ces expressions sont en rapport avec un SEUL SUBSTANTIF SINGULIER OU PLUSIEURS SUBSTANTIFS SINGULIERS :

C'ÉT**AIT** *du* FER *de la meilleure des qualités.*

C'ÉT**AIT** *du* FER *et du* CUIVRE *de la meilleure qualité.*

Mais on écrit : *c'ét***aient**, *ce ser***aient** .., *ce s***oient** quand ces expressions sont en rapport avec un SUBSTANTIF PLURIEL :

C'ÉT**AIENT** *des* MÉTAUX *d'une qualité supérieure.*

Cependant il faudrait encore, dans ce dernier cas, exprimer le verbe au singulier, s'il s'agissait de L'EXTRACTION, de LA SORTIE... de personnes ou de choses :

C'ÉT**AIT** *des* MÉTAUX *qu'on tirait cette substance.*

On écrit *si ce n'ét***aient** quand on ne peut remplacer par **excepté** :

*Si ce n'ét***AIENT** *de grands artistes, qu'étaient-ils ?*

Mais on écrit *si ce n'ét***ait**, quand on peut remplacer par **excepté** :

*Si ce n'ét***AIT** *ces hommes, qui pourrait le faire.*

4° *Se rapportant à des* SUBSTANTIFS *liés par* **et** *ou par* **ni**.

Quand un *verbe*, un *qualificatif* ou un *participe* se rapporte à des substantifs masculins singuliers, unis par ET ou par NI, le *verbe*, le *qualificatif* ou le *participe* se met au pluriel :

Un BRICK ET *un* CANOT ÉT**AIENT** JO*l***IS**.
Ni le BRICK NI *le* CANOT N'ÉT**AIENT** JO*l***IS**.
Le BRICK ET *le* CANOT ÉT**AIENT** GR**ÉÉS**, etc.

Si les substantifs sont du féminin, le *verbe* se met encore au pluriel, mais le *qualificatif* ou le *participe* s'écrit au pluriel féminin :

La FRÉGATE ET *la* CORVETTE ÉT**AIENT** JO*l***IES**.
Ni la FRÉGATE NI *la* CORVETTE N'ÉT**AIENT** JO*l***IES**.
La FRÉGATE ET *la* CORVETTE ÉT**AIENT** GR**ÉÉES**, etc.

Si parmi les substantifs, il y en a de féminins et de masculins, le *verbe* est toujours au pluriel, mais le *qualificatif* ou le *participe* se met au pluriel masculin :

La FRÉGATE ET *le* BRICK ÉT**AIENT** JO*l***IS**.
NI *la* FRÉGATE NI *le* BRICK N'ÉT**AIENT** JO*l***IS**.
La FRÉGATE ET *le* BRICK ÉT**AIENT** GR**ÉÉS**, etc.

Cependant si les substantifs unis par NI ne pouvaient pas faire l'action marquée par le verbe dans les mêmes circonstances de *temps et de lieu*, ou *de personne*, le verbe doit être au singulier, ainsi que le *qualificatif* ou le *participe*, on écrit :

La FRÉGATE NI *le* BRICK *ne* POUV**AIT** *être le 20 dans le bassin.*
Ni le MATELOT NI *le* SOLDAT *n'*ÉPOUSER**AIT** *la cantinière*, etc.

parce que deux bâtiments ne peuvent pas être le même jour dans le même bassin qui ne peut en contenir qu'un, et parce que deux individus ne peuvent pas épouser la même femme en même temps.

5° *Se rapportant à des substantifs disjoints par* **ou, comme,** *etc.*

Quand OU se trouve entre plusieurs substantifs, on ne fait attention qu'aux SUBSTANTIFS SUIVANT OU pour l'accord du *verbe*, du *qualificatif* ou du *participe* :

Le BRICK OU *la* FRÉGATE DEV**AIT** *être* PAVOIS**ÉE**.
La FRÉGATE OU *le* BRICK DEV**AIT** *être* PAVOIS**É**.
Le VAISSEAU OU *la* FRÉGATE *et la* CORVETTE DEV**AIENT** *être* PAVOIS**ÉES**, etc.

Mais si les substantifs sont disjoints par *comme*, *de même que*, *ainsi que*, *aussi bien que*, on ne fait attention qu'aux SUBSTANTIFS PRÉCÉDANT CES EXPRESSIONS pour l'accord du *verbe*, du *qualificatif* et du *participe* :

Le BRICK, DE **même que** *la* FRÉGATE, DEV**AIT** *être* PAVOIS**É**.
La FRÉGATE, **aussi bien que** *le* BRICK, DEV**AIT** *être* PAVOIS**ÉE**
La FRÉGATE *et la* CORVETTE, *comme le* VAISSEAU, DEV**AIENT** *être* PAVOIS**ÉES**, etc.

6° *Se rapportant à des substantifs exprimant la* **même chose.**

Si deux ou plusieurs substantifs ont la même valeur, la même signification, on ne fait attention qu'au *dernier* pour l'accord du *verbe*, du *qualificatif* ou du *participe* :

Son COURAGE, *son* INTRÉPIDITÉ ÉT**AIT** ÉTONN**ANTE**.
Son INTRÉPIDITÉ, *son* COURAGE ÉT**AIT** REMARQU**É**, etc.

7° *Se rapportant à des substantifs placés par gradation.*

Si le dernier de plusieurs substantifs exprime une chose dont l'importance efface celle des précédents, ou si tous les substantifs sont résumés par un seul mot, le verbe etc., s'accorde avec le *dernier substantif*, ou avec le *mot résumant* :

La CORDERIE, *la* MENUISERIE, *le* PORT ÉT**AIT** MAGNIFIQU**E**.
La CORDERIE, *la* MENUISERIE, TOUT ÉT**AIT** MENAC**É**, etc.

8° *Se rapportant à des substantifs exprimant des collections.*

Quand le premier de deux substantifs indique une collection totale, ou à peu près totale, des individus ou des objets désignés par le second, le *verbe*, le *qualificatif* ou le *participe* doit s'accorder avec le premier :

La **totalité** *des* DAMES AIM**E** *à être* ÉLÉG**ANTE**.

La **foule** *des* OUVRIERS AIMER**AIT** *à être bien* PAY**ÉE**, etc.

Mais si le sens de la phrase fait ressortir qu'il n'est question que d'une partie des personnes ou des choses désignées par le second substantif, le *verbe*, le *qualificatif* ou le *participe* doit s'accorder avec ce second substantif :

Une **foule** *de* DAMES ÉT**AIENT** ÉLÉG**ANTES**.

Une **foule** *d'*OUVRIERS ÉT**AIENT** *mal* PAY**ÉS**, etc.

Cependant si, dans le même cas, le sens de la phrase indiquait clairement que les personnes ou les choses en question sont serrées les unes contre les autres, forment une masse, on devrait encore faire accorder le *verbe*, le *qualificatif* ou le *participe* avec le premier substantif :

La **moitié** *des* PASSAGERS, TERRIFI**ÉE**, ÉT**AIT** *à l'arrière*.

Une **foule** *d'*INSURGÉS *bien* COMPACT**E** GARD**AIT** *le passage*.

9° *Se rapportant aux mots dits* **pronoms**.

Dans la plupart des cas qui viennent d'être indiqués, les substantifs peuvent être remplacés par des mots qui les représentent, et que pour cela on appelle *pronoms*.

Toutes les règles qui viennent d'être données sont applicables avec les pronoms, c'est-à-dire que traduisant ceux-ci par les substantifs qu'ils représentent, on fait accorder le verbe, le qualificatif ou le participe en conséquence ; on écrit :

L'un et l'autre VOUL**AIENT** *être* PLAC**ÉS**.

Ni l'un NI *l'autre n'*ÉPOUSER**AIT** *la cantinière, etc.*

Règles pour l'accord du qualificatif et du participe en rapport avec :

1° ON :

Un qualificatif ou un participe se rapportant au mot ON s'accorde avec les personnes ou les choses que ce mot représente ; à propos d'hommes et de femmes, on écrit, s'il s'agit

D'un seul homme : ON n'est pas **aimé,** si l'on est **cruel,**
D'une seule femme : ON n'est pas **aimée,** si l'on est **cruelle,**
De plusieurs hommes : ON n'est pas **aimés**, si l'on est **cruels,**
De plusieurs femmes : ON n'est pas **aimées,** si l'on est **cruelles.**

2° GENS :

Quand le mot GENS est en rapport avec des qualificatifs ou des participes entre lesquels il se trouve placé, il est *féminin* pour les qualificatifs ou les participes qui sont AVANT, et *masculin* pour ceux qui sont APRÈS :

De **TELLES** GENS *doivent être* HONOR**ÉS**

mais s'il est clair que le mot GENS ne représente absolument que des *hommes,* il est *masculin* aussi bien pour le qualificatif ou le participe qui est AVANT que pour celui qui est APRÈS :

De **TELS** GENS *de mer devraient être* DÉCOR**ÉS.**

3° QUELQUE CHOSE :

Si *quelque chose* peut se remplacer par : *un objet,* le qualificatif ou le participe qui s'y rapporte s'écrit au masculin singulier :

Quelque chose (un objet) *qui est* **beau** *a été apport***é,**

mais si *quelque chose* peut se remplacer par : *quelle que soit la chose,* le qualificatif ou le participe qui s'y rapporte doit s'écrire au féminin singulier ; on écrit :

Quelque chose *qu'il ait apport***ée,** *elle doit être* **belle.**

C'est-à-dire QUELLE QUE QUE SOIT LA CHOSE qu'il ait apportée.

Règles pour écrire **QUEL.**

Quand **QUEL** se rapporte à un substantif ; on écrit :

Quel au masculin singulier **Quels** au masculin pluriel
Quelle au féminin singulier. **Quelles** au féminin pluriel.

*Qu***el** *chef* ! *qu***elle** *armée* ! *qu***els** *travaux* ! *qu***elles** *batailles* !

Quel... s'accorde avec le substantif auquel il se rapporte, même s'il en est séparé par le verbe *être* précédé de QUE :

*Qu***el** *que soit le* **chef,** *Qu***els** *qu'aient été les* **travaux.**
*Qu***elle** *que fût l'***armée,** *Qu***elles** *que soient les* **batailles.**

Si, dans ce dernier cas, **quel**... se rapporte **à** plusieurs substantifs du singulier uni**s** par ET, il s'écrit qu**els** si l'un d'entre eux est un substantif masculin, et qu'**elles** si tous sont du féminin :

*Qu***els** *que soient le* **rabot,** ET *la* **varlope.**
*Qu***elles** *qu'aient été la* **baleinière** ET *la* **chaloupe**.

Si, au lieu de se rapporter à des substantifs unis par ET, quel... se rapporte à des-substantifs liés par *ou*, *comme*, *de même que*, *aussi bien que*, et à des substantifs *ayant la même signification*, ou dont le *dernier est plus considérable que les premiers*, ou *les résume*, on doit toujours le faire accorder avec le premier des substantifs :

*Qu***el** *qu'ait été le* **rabot** OU *la* **varlope**.
*Qu***elle** *que soit la* **varlope,** AUSSI BIEN QUE *le* **rabot**.
*Qu***el** *que soit le* **zèle,** *l'***activité** *du marin*.
*Qu***elle** *que soit la* **rade,** *le* **golfe.**

Si qu**el** ne se rapporte point à des substantifs, mais à des mots qui les représentent, et qui alors se trouvent toujours entre *que* et le verbe *être*, on modifie la finale de quel... selon le genre des mots représentant les substantifs :

*Qu***els** *qu'***ils** *soient* (pour quels que soient ces hommes).
*Qu***elles** *qu'***elles** *soient* (pour quelles que soient ces femmes)

Règles pour écrire **TEL...**

Quand ce mot se rapporte aux substantifs, on écrit :
Tel, au masculin singulier, **Tels**, au masculin pluriel.
Telle, au féminin singulier, **Telles**, au féminin pluriel.
Tel *chef !* ***Telle*** *armée !* ***Tels*** *travaux !* ***Telles*** *batailles.*

Placé entre deux substantifs, et suivi de QUE, **Tel** .. ne peut s'accorder qu'avec le substantif qui est AVANT lui :

Il y a des **outils, *Tels*** QUE *des* TARIÈRES.

S'il n'est pas suivi de QUE, **Tel...** s'accorde avec le substantif qui est APRÈS lui, et non avec celui qui est AVANT :

Il y a de bons **outils, Telles** *sont les* TARIÈRES.

Si **Tel**... non suivi de QUE, n'a de relation avec rien qui précède, il s'accorde avec le mot qui suit auquel il se rapporte :

Telle *que vous voyez cette* FEMME, *elle a été riche.*

Au sujet de plusieurs qualificatifs placés l'un après l'autre, à la suite d'un substantif.

On exprime parfois après un substantif, — l'un immédiatement suivi de l'autre, — deux mots pouvant jouer le rôle de qualificatifs, et on a souvent alors une tendance à les faire accorder tous les deux avec le substantif ; cependant il y a des circonstances où le premier des qualificatifs s'emploie substantivement, et se trouve qualifié par le second. On reconnaît que le premier de ces mots se transforme en substantif quand entre le substantif et les qualificatifs, on peut placer le mot **d'un** : dans ce cas le qualificatif devenu substantif et le suivant s'écrivent au masculin singulier, on doit écrire :

Des PAVILLONS **bleu clair**,

si le sens permet de dire aussi : *des pavillons* **d'un** *bleu clair.*
Pour écrire : *des pavillons bleu***S** *clair***S**,
le sens doit permettre de dire aussi : *des pavillons bleu***S** (dont les tissus sont) *clair***S**. Mais on doit écrire :

Des MACHINES **motriceS superbeS**,

puisqu'on ne peut dire : *des machines d'un motrice superbe.*

Règles pour écrire en toutes lettres

VINGT... CENT... MILLE...

On écrit : **VINGT** :

1° Quand, non précédé de *quatre*, il est suivi d'un substantif :
Avec ***vingt*** *grenadiers, il fit deux cent* ***vingt*** *prisonniers.*

2° Quand il est après *quatre*, précédé d'un substantif :
Le NUMÉRO quatre-***vingt*** ; *la* PAGE quatre-***vingt***.

3° Quand il est entre deux nombres :
J'ai quatre-***vingt***-six *mois de service*

On écrit : **VINGTS** :

Entre *quatre* et un substantif exprimé ou sous-entendu :
S'il a quatre-***vingtS*** *cartouches, j'en aurai* quatre-***vingtS***

On écrit : **CENT** :

1° Quand, non précédé d'un nombre, il est suivi d'un substantif:
Je commandais ***cent*** *marins et* ***cent*** *soldats.*

2° Quand il est après un nombre précédé d'un substantif :
Le numéro **trois *cent*** ; *la page* **huit *cent***.

3° Quand il est entre deux nombres :
J'ai **quatre *cent* six** *mois de services.*

On écrit : **CENTS** :

Entre un nombre et un substantif exprimé ou sous-entendu;
Il a deux ***centS*** *cartouches et j'en ai* trois ***centS***.

On écrit : **MIL** :

Pour les dates après Jésus-Christ :
En ***mil*** *huit cent douze, j'étais à Moscou.*

On écrit : **MILLE** :

1° pour les dates avant Jésus-Christ :
L'an deux ***mille*** *avant la venue de Jésus-Christ.*

2° Dans tous les autres cas (jamais d'S) :
Deux cent ***mille*** *français vont sauver la Pologne.*

(On trouve aussi MILLE au singulier, MILLES au pluriel ; mais c'est un substantif désignant une mesure de chemin. Ce n'est plus un nombre. Cette frégate cuirassée fait quinze MILLES à l'heure).

Règles pour écrire **DEMI... MÊME...**

On écrit : **DEMI** :

1° Avant un substantif :

Une ***demi****-journée ; deux* ***demi****-heures.*

2° Après un substantif masculin, qu'il soit singulier ou pluriel:

Un jour et ***demi*** *; deux jours et* ***demi****.*

On écrit : **DEMIE** :

1° Après un substantif féminin, qu'il soit singulier ou pluriel:

Une journée et ***demiE*** *; deux heures et* ***demiE****.*

2° Après **la, une**...

La ***demiE*** *sonne ; j'entends sonner une* ***demiE****.*

On écrit : **DEMIES** :

Après **les, deux, trois, quatre**...

Les ***demiES*** *et les quarts ; six* ***demiES*** *font trois entiers.*

On écrit : **MÊME** :

1° Avant un substantif singulier :

Le ***même*** *vaisseau ; la* ***même*** *frégate.*

2° Après **nous, vous**, représentant une seule personne :

Général, — dit l'Empereur, — **vous** *viendrez vous-****même****.*

3° Après plusieurs substantifs (dans ce cas il équivaut à **aussi**) :

Les charpentiers, les voiliers ***même*** (**aussi**) *seront congédiés.*

4° Après un seul substantif, un autre étant sous-entendu :

Les ouvriers, les journaliers ***même*** *seront mieux payés.*

On écrit : **MÊMES** :

1° Après un substantif pluriel, s'il n'est pas naturel de remplacer par **aussi** :

Les princes ***mêmeS*** *présideront le conseil.*

2° Après **nous, vous**, représentant plusieurs personnes :

Soldats, — dit l'Empereur, — vous êtes **vous-*****mêmeS*** *témoins.*

Règles pour écrire TOUT... QUELQUE...

Le mot **tout**.. se rapportant aux substantifs, s'écrit :

TouT pour le masculin singulier,	**TouS** pour le masculin pluriel.
ToutE, pour le féminin singulier,	**ToutES** pour le féminin pluriel.

On écrit : **TOUT** :

1° avant un qualificatif ou un participe commençant par une des lettres **a, e, i, o, u, y**, lettres dites *voyelles*.

L'armée du Rhin est ***tout*** *aguerrie.*

2° avant un qualificatif ou un participe commençant par une H dont la prononciation n'oblige à aucun effort de gosier, et, qui, pour cette raison, est appelée H *muette*.

La figure du sauvage était ***tout*** *huileuse.*

Mais on écrit : **TOUTE** :

Si l'H, (qui alors est dite *aspirée*), se prononce avec un effort de gosier

La mer est ***toutE*** *Houleuse.*

On écrit : un **TOUT**, des **TOUTS** :

Quand le mot est substantif :

Les parties sont moins grandes que les ***toutS****.*

On écrit : **QUELQUE** :

1° avant un substantif singulier accompagné ou non d'un qualificatif :

Quelque *grenadier ;* ***quelque*** *brave soldat.*

2° avant un qualificatif suivi de *que* ; jamais d'S :

Quelque *capables* que *soient les travailleurs.*

On écrit : **QUELQUES** :

Avant un substantif pluriel accompagné ou non d'un qualificatif :

QuelqueS *grenadiers ;* ***quelqueS*** *braves soldats.*

Règles pour écrire certains mots.

AUCUN..., E, }
NUL...., LE } Avant un substantif ayant un singulier :

Aucun *plan n'est tracé ;* **nulle** *ville n'est prise.*

AUCUNS, ES, }
NULS.., LES, } Avant un substantif qui n'a pas de singulier :

AucunS *matériaux ;* **nulleS** *broussailles.*

FEU,. E,. S,. ES : immédiatement avant un substantif :

La **feuE** IMPÉRATRICE *de Russie.*

FEU (invariable) : s'il est séparé d'un substantif par un mot :

Feu LA REINE *de Portugal.*

NU... (invariable) : avant COU, TÊTE, BRAS, PIEDS, JAMBES :

Les pêcheurs sont **nu**-PIEDS ; **nu**-BRAS.

NU,. E,. S,. ES : après COU, TÊTE, etc., et dans les autres cas :

Les pêcheurs sont PIEDS-**nuS** ; *des sauvages* **nuS**.

PROCHE (invariable) : après un autre verbe qu'être exp. ou S. ent :

Les travaux se font **proche** *de l'atelier.*

PROCHE ,. S : dans les autres cas :

Le jour est **proche** ; *les ateliers sont* **procheS** *du quai.*

POSSIBLE : (jamais d's) après un substantif pluriel précédé de :
LE PLUS, LE MOINS :

Perdez LE PLUS, LE MOINS *de journées* **possible**.

POSSIBLE,. S : dans les autres cas :

Ce travail est **possible** ; *ces travaux sont* **possibleS**.

CHER (invariable) : si on peut remplacer par : « **un prix élevé** » :

Les vivres en ce moment se vendent **cher**.

CHER,. E,. S,. ES : dans les autres cas :

Des vivres **cherS** ; *des victoires très-***chèrES**.

PRÈS : avant DE :

Ils sont **près** DE *livrer l'assaut.*

PRÊT, S : avant A :

Ils sont **prêts** A *mettre à la voile.*

QUAND : si l'on peut remplacer par : *lorsque*:

Je suis disposé à appareiller **quanD** *il voudra.*

QUANT : (avant à, au) si l'on peut remplacer par : *pour*, *en ce qui concerne* :

Je suis content de partir, **quanT** A *moi.*

QU'EN : dans les autres cas, surtout devant un participe en *ant*:

Je ne suis heureux **qu'en** *travaillant.*

LEUR : (jamais d's) avant un substantif ou un verbe :

Si **leur** VIE *est en danger, il faut que nous* **leur** *portions secours.*

LEURS : avant un substantif pluriel :

Les ateliers sont pourvus de **leurS** *apparaux.*

ÇA. ... : équivaut à : *cela* :

Ça *ira bien ; je n'approuve pas* **Ça**.

SA..... : avant un substantif :

Il faut travailler pour **Sa** *gloire et celle de* **Sa** *patrie.*

CE..... : avant un *substantif* :

Ce *drapeau mutilé appartient à* **Ce** *régiment.*

SE..... : avant un *verbe* :

Ce soldat **Se** *dévoue pour son chef.*

CET.... : avant un *substantif masculin* :

Cet ENSEIGNE *va à bord.*

CETTE : avant un *substantif féminin* :

CetTE ENSEIGNE *a été prise à l'ennemi.*

CES : avant un substantif, *sans marquer la propriété* :

Ces *armes sont des plus terribles.*

SES : avant un substantif, *en marquant la propriété* :

Le brigadier était muni de **Ses** *armes.*

Expressions s'écrivant en un ou plusieurs mots.

AUTREFOIS : (un mot) équivalant à : anciennement :
J'ai travaillé au port de Brest ***autrefois.***
AUTREFOIS : (deux mots) dans les autres cas :
Vous travaillerez mieux une ***autre fois.***

AUSSITôT : (un mot) équivalant à : immédiatement.
Il vit l'ennemi et attaqua ***aussitôt.***
AUSSI TôT : (deux mots) équivalant à : en même temps :
J'attaquerai l'ennemi ***aussi tôt*** *que vous.*

AUSSITôT QUE : (deux mots) équivalant à : dès que :
J'attaquerai l'ennemi ***aussitôt que*** *tu voudras.*
AUSSI TôT QUE : (trois mots) équivalant à : en même temps que:
J'attaquerai les Russes ***aussi tôt que*** *vous.*

BIENTôT : (un mot) équivalant à : tout à l'heure, incess[nt]:
La guerre sera déclarée ***bientôt.***
BIEN TôT : (deux mots) équivalant à : de bien bonne heure :
La cloche sonne aujourd'hui ***bien tôt.***

PLUTôT : (un mot) équivalant à : il est préférable, etc. :
Vous parlez de capituler ! mourir ***plutôt.***
PLUS TôT : (deux mots) équivalant à : de meilleure heure :
Aujourd'hui la revue aura lieu ***plus tôt.***

PARCE QUE : (deux mots) équivalant à : attendu que :
Je vais à l'ambulance ***parce que*** *je suis blessé*
PAR CE QUE : (trois mots) équivalant à : d'après ce que :
Vous êtes blessé grièvement, ***par ce que*** *je vois.*

QUOIQUE : (un mot) équivalant à : bien que :
Vous combattez toujours ***quoique*** *blessé.*
QUOI QUE : (deux mots) équivalant à : quelque chose que :
Vous serez puni ***quoi que*** *vous disiez.*

Règles pour l'emploi de la négation **NE** *exprimée de manière qu'elle est insensible à l'oreille.*

Il est de rigueur d'employer la négation N' (ne) avant un verbe commençant par **a**, **e**, **i**, **o**, **u**, et qui suit :

1° À MOINS QUE :
Je pars à MOINS QU'*on* ***N****'ouvre l'atelier.*

2° DE PEUR QUE, DE CRAINTE QUE :
Je veille, DE PEUR QUE, DE CRAINTE QU'*on* ***N****'aborde.*

3° PLUS, MOINS, non accompagnés de *ne pas, ne point* :
On recule PLUS, MOINS QU'*on* ***N****'approche.*

4° MIEUX, non accompagné de *ne pas, ne point :*
Ils combattent MIEUX *qu'on* ***N****'aurait cru.*

5° AUTRE, AUTREMENT, non accompagnés de *ne pas, ne point:*
Le capitaine est bien **autre** *qu'on* ***N****'avait dit.*

6° Un VERBE EXPRIMANT LA CRAINTE, non accompagné *d'une négation* (craindre, appréhender, avoir peur, trembler) *:*
Je CRAINS QU'*on* ***N****'attaque cette nuit.*

7° EMPÊCHER, accompagné ou non de *ne pas, ne point :*
*J'*EMPÊCHE *qu'on* ***N****'entre dans le port.*
*Il n'*EMPÊCHE *pas qu'on* ***N****'entre dans l'arsenal.*

8° NE DOUTER PAS, NE DOUTER POINT :
Je ne DOUTE PAS *qu'on* ***N****'aille à Mexico.*

9° NE NIER PAS, NE NIER POINT :
Je ne NIE PAS *qu'on* ***N****'ait travaillé hier.*

10° IL N'A TENU, IL N'AVAIT TENU :
Il N'A TENU *à rien qu'on* ***N****'attaquât la flotte.*

On emploie encore la négation N' (ne) avec un VERBE accompagné de *ne pas, ne point :*

On ***N****'*A POINT *sonné la cloche.*

ORTHOGRAPHE des mots COMPOSÉS.

Il y a des substantifs COMPOSÉS de plusieurs mots.

Au pluriel, chaque mot d'un nom composé de deux substantifs, prend S ou X, selon le cas :

*Un garde-côte, des garde***S***-côte***S** ;
*Un garde-magasin, des garde***S***-magasin***S**.

Si le nom est composé de deux substantifs unis par DE, le premier seul prend la marque du pluriel :

*Un aide-***de***-camp, des aide***S***-***de***-camp ;*
*Une eau-***de***-vie, des eau***X***-***de***-vie.*

Si le substantif-composé est formé d'un substantif et d'un qualificatif, ces deux mots se mettent au pluriel :

*Une claire-voie, des claire***S***-voie***S** ;
*Une basse-voile, des basse***S***-voile***S**

Tout mot d'un substantif-composé qui n'est pas un substantif ou un qualificatif reste invariable :

Un **contre**-*maître, des* **contre**-*maître***S**.
Un **va**-*et*-**vient**, *des* VA-et-VIENT.

Il y a aussi des qualificatifs COMPOSÉS de plusieurs mots :

En principe général, dans les qualificatifs-composés, tout mot qui n'est pas qualificatif ou participe ne prend point la marque du pluriel, et les autres la prennent :

*Un homme aveugle-né, des hommes aveugle***S***-né***S** ;
*Un chef bien-aimé, des chefs bien-aimé***S**.

On écrit cependant des enfants **nouveau**-*né*S : des cheveux **clair**-*semés*, etc.

TABLEAU *des* **Substantifs-composés**
dont l'orthographe peut causer de l'indécision.

Des abat-jour,
Des aide(S)-de-camp,
Des appui(S)-mains,
Des après-demain,
Des après-midi,
Des après-dînée (S),
Des après-soupée(S)
Des arc(S)-boutant(S),
Des arc (S)-en-ciel,
Des avale-tout,
Des auto-da-fé,
Des bain(S)-marie,
Des bas-fond,
Des bas-relief (S),
Des bas-ventre,
Des bec(S)-d'âne,
Des bien-être,
Des blanc-seing (S),
Des bouche-trou(S),
Des boute-en-train,
Des boute(S)-lof,
Des brèche-dents,
Des brise-tout,

Des casse-cou,
Des casse-tête,
Des char(S)-à-bancs,
Des chauffe-pieds,
Des chasse-marée,
Des coq-à-l'âne,
Des cou-de-pied,
Des couvre-feu,
Des croc(S)-en-jambes,
Des cure-oreilles,
Des cure-dents,
Des essuie-mains,
Des fête(S)-Dieu,
Des gagne-petit,
Des grand'mère (S),
Des grand'messe(S),
Des grand'tante (S),
Des hausse-col,
Des hôtel (S)-Dieu,
Des in-folio,
Des laissez-passer,
Des main (S)-levée,
Des mi-carême,

Des ouï-dire,
Des perce-neige,
Des pique-nique,
Des pleure-misère,
Des porte-clefs,
Des porte-balle,
Des porte-drapeau,
Des porte-crayon,
Des porte-huilier,
Des pot(S)-à-fleur(S)
Des pot(S)-au-feu,
Des qu'en-dira-t'on,
Des réveille-matin,
Des serre-file,
Des serre-papiers,
Des serre-tête,
Des souffre-douleur,
Des tête-à-tête,
Des tic-tac,
Des tout-puissant(S)
Des toute-bonnes,
Des trouble-fête,
Des vole-au-vent.

En supprimant les S placées entre parenthèses, on a au singulier chacun des substantifs-composés ci-dessus.

Il est remarquable que dans les substantifs-composés on ne termine jamais par une S les mots : *arrière*, *avant*, *demi*, *contre*, *passe*, *porte*, *casse*, *coupe*, *garde* (s'il s'agit de choses), et *vice* :

Des **arrière**-gardes, des **avant**-gardes, des **demi**-livres, des **contre**-basses, des **passe**-partout, des **casse**-tête, des **coupe**-jarrets, des **porte**-clefs, des **garde** manger, des **vice**-consuls.

DOUBLE GENRE DE QUELQUES SUBSTANTIFS.

AIGLE : **oiseau**, est masculin ; **drapeau**, il est féminin :
QUEL **aigle** *il a tu*É : QUELLE **aigle** *le régiment a eu*E.

COUPLE, *avec idée d'union*, est masc.; autrement il est fém. :
QUEL **couple** *d'amoureux* ; QUELLE **couple** *d'enclumes*.

ENFANT : **garçon**, est masculin ; **fille**, il est féminin :
Paul est un BEL **enfant** ; *Emma est une* BELLE **enfant**.

DÉLICE et ORGUE sont masc. au singulier, et fém. au pluriel :
QUEL **délice** *j'ai éprouv*É ; QUELLES *délices j'ai éprouv*ÉES.
QUEL **orgue** *j'ai entend*U ; QUELLES *orgues j'ai entend*UES.

Il en est de même d'AMOUR, mais de celui des sexes :
QUEL **amour** *j'ai chant*É ; QUELLES **amours** *j'ai chant*ÉES.

PÉRIODE : **haut point**, est masculin; **époque**, il est féminin :
QUEL **période** *de gloire !* QUELLE **période** *funeste !*

HYMNE : *d'amour*, etc., est masc.; **cantique**, il est féminin :
QUEL **hymne** BELLIQUEUX ! QUELLE **hymne** *à Marie !*

ORGE est féminin ; *mondé* et *perlé*, il devient masculin :
QUELLE BELLE **orge**; QUEL **orge** *mond*É, QUEL *orge perl*É.

AIDE : *homme qui seconde*, est masc.; **secours**, il est fém. :
C'est UN **aide** *charpentier* ; QUELLE **aide** *j'ai eu*E *de lui*.

PENDULE : **horloge**, est féminin ; ailleurs, masculin :
CETTE **pendule** *de bronze ; les vibrations* DU **pendule**.

OFFICE, **service**, est masculin ; LOCAL, il est féminin :
QUEL **office** *vous m'avez rend*U ; QUELLE **office** SPACIEUSE

RELÂCHE, *au théâtre*, est masculin ; *en marine*, féminin :
LE **relâche** de l'Opéra : LA **relâche** à Lisbonne.

ESPACE, *en imprimerie*, est fém. ; autrement il est masc. :
CETTE **espace** *est trop* LONGUE ; QUEL **espace** *de temps !*

REMARQUES ORTHOGRAPHIQUES AU SUJET DES MOTS EN GÉNÉRAL.

Pour tous les mots on écrit les initiales :

		Excepté pour :
ASSI.....	assi*du*, etc..........	acier, acide.
ÉN (e) ..	én*ergie*, etc..........	aine, ennemi.
PERS...	pers*onne*, etc.	percer, percevoir.
SAU......	sau*vage*, etc.........	seau, sceau.

Le son AN s'exprime toujours par AN :

		Excepté dans :
après B ...	*a*Ban*don*, etc...	téréBenthine.
avant CH..	*m*anCH*e*, etc...... .	penCHer, pervenCHe.
après CH.	CHan*ce*, etc....... .	»
après PL..	PLan*ter*, etc.	sPLendeur.
après FI ..	FIan*cé*, etc..	Flente.

On trouve toujours une M et non une N :

		Excepté dans :
avant B....	*bo*mB*e*, etc.........	bonBonnière, sainBois, bonBon.
avant P....	*po*mP*e*, etc..........	embonPoint
avant M ...	*e*mM*ener*, etc........	néanMoins, tînMes, vînMes.

On trouve toujours EN :

avant { SION } *dim*en*sion* .... / { TION } *conv*en*tion* .... } excepté pour : expansion.

On trouve toujours un G et non un J :

avant I. .. g*ibier*, *bou*g*ie*, etc.

Pour tous les mots on écrit les finales :

		Excepté pour :
ANGE...	*m*ange, etc.........	venge.
AMPE...	*r*ampe, etc..........	tempe, trempe.
CIDE....	*lu*cide, etc...........	subside, oxyde.
ÈVE.....	*f*ève, etc............	glaive.
GEUR...	*na*geur, etc..........	majeur.
SIVE....	*mi*ssive, etc........	gencive.

Lettres doublées à l'initiale des mots en général.

L'initiale a toujours une lettre doublée pour les mots en :

ATTI.....	**att***irer*, etc.........	OFF... .	**off***rir*...
FOURR..	**fourr***ure*, etc.......	SUFF...	**suff***rage*...
ILLU.....	**ill***uminer*, etc.......	SACCA.	**sacc***ager*...

		Excepté pour :
ACCO.....	**acc***oler*, etc.........	**ac***olyte*, **ac***onit*, **ac***oquiner*.
ACCOM...	**acc***ompagner*, etc..	**ac***ompte*.
ACCOU...	**acc***ourir*, etc.......	**ac***oustique*
OCC......	**occ***asion*, etc.......	**oc***re*, **oc***ulaire*, **oc***uliste*.
AFF......	**aff***aiblir*, etc.......	**af***in*, **af***ricain* (aphte, aphorisme).
ALLU....	**all***umer*, etc.......	**al***un*, **al***uminium* (hallucination).
COMMÉ..	**comm***erce*, etc....	**com***édie*, **com***estible*, **com***ète*.
IMM.......	**imm***oler*, etc.......	**im***age*, **im***iter* (hymen, hymne).
CONN....	**conn***aître*, etc......	**con***ique*, **con***ifère*.
APPA.....	**app***araître*, etc.....	**ap***anage*, **ap***arté*, **ap***athie*.
SUPP.....	**supp***oser*, etc......	**sup***rême*, **sup***érieur*, et les autres [en super....
APPR.....	**app***récier*, etc......	**ap***rès*.
ARRO.....	**arr***ondir*, etc.......	**ar***ome*, **ar***onde* (queue d'), (haro).
IRR.......	**irr***iter*, etc......	**ir***is*, **ir***onie* **ir***ascible* (hirondelle).

On ne trouve 2 B, 2 D, 2 G, que, savoir :

2 B, dans *a***BB***é*, *gi***BB***eux*, *ra***BB***in*, *sa***BB***at*, *go***BB***e*.

2 D, dans *a***DD***ition*, *re***DD***ition*, *pu***DD***ler*, *pu***DD***ing*, *a***DD***ucteur*.

2 G, dans *a***GG***lomérer*, *a***GG***raver*, *a***GG***lutiner*, *su***GG***érer*.

On ne trouve savoir :

2 P après **ou** que dans *h***ouPP***e*, *h***ouPP***elande*.

On trouve toujours 2 M dans un mot prononcé **amant** à la finale, et formé d'un qualificatif :

Brill*a***mm***ent*, sav*a***mm***ent*, prud*e***mm***ent*, const*a***mm***ent*.

Lettres non doublées à l'initiale des mots en général.

L'initiale n'a jamais de lettre doublée pour les mots en :

DÉF : déf*ectueux*... | PROF : prof*esseur*... | DÉL : dél*uge*.
REF : réf*rigérant*.. | RÉP : rép*aration*.. | VOL : vol*ume*.

L'initiale n'a pas non plus de lettre doublée pour les mots :

En		Excepté pour :
ACA.....	aca*démie*, etc...	acca*bler*, acca*parer*, acca*lmie*, acca*stillage*.
ELI......	éli*re*, etc........	elli*pse*.
BAL.....	bal*ancer*, etc.. .	ball*e*, ball*et*, ball*ade*, ball*ot*, ball*otter*.
CAL.....	cal*orique*, etc...	call*eux*, call*igraphe*.
GAL.....	gal*on*, etc.......	gall*e* (noix de), gall*on* (mesure), gall*inacée*, gall*icisme*.
ALI.....	ali*gner*, etc.....	alli*er*, alli*gator* (hallier).
MAL	mal*ade*, etc.....	mall*e*, mall*éable*, mall*éole*.
MIL	mil*itaire*, etc...	mill*e*, mill*ion*, mill*ésime*.
PAL....	pal*ier* (subst) etc.	pall*ier* (verbe), pall*adium*.
POL.....	pol*itique*, etc....	poll*en*, poll*uer*.
SOL.....	sol*itude*, etc.....	soll*iciter*, soll*icitude*.
SAL.....	sal*on*, etc........	sall*e* (appartement).
VAL	val*oir*, etc.......	vall*on*, vall*ée*.
COLO...	col*onel*, etc	coll*oque*, coll*oquer*.
AMO .. .	am*ortir*, etc....	amm*oniac*, *aque*.
FAM....	fam*ilier*, etc...	femme
ANA.....	ana*thème*, etc..	anna*l*, anna*les*.
ANÉ.....	ané*vrisme*, etc..	anne*xe*, anné*lide*.
ANI......	ani*mal*, etc.....	anni*versaire*, anni*hiler*.
ANO	ano*rmal*, etc....	anno*ter*.
CAN.....	can*evas*, etc... .	cann*e*, cann*ibale*, cann*eler*, cann*elle*, cann*etille*.
INA	ina*nimé*, etc....	inna*vigable*.
INÉ.....	iné*vitable*, etc..	inné (inhérent).
INO.....	ino*dore*, etc.....	inno*cent*, inno*ver*, inno*cuité*.
MON	mon*étaire*, etc .	monn*aie*.
MAN....	man*ière*, etc.....	mann*e*, mann*equin*.

PAN.... panier, etc....... panne, panneau, paonne, panneton.
OP.. ... opinion, etc.... opportun, opposer, oppresser, [opprimer, opprobre.
APO..... apoplexie, etc... apposer, apporter.
BAR..... baril, etc........ barre, barrière, barrique, barreau, [barricade, barrette.
DER..... déroger, etc.... derrière.
CHAR... charité, etc...... charrier, charron, charrue, char- [rette.
FER..... férule, etc...... ferrer, ferrure.
COUR... courir, etc...... courroux, courroie, courre, [courrier.
MER...... mérite, etc..... merrain.
GAR..... gare, etc........ garrot, garroter.
MAR..... mari, etc........ marron, marraine.
PAR..... paraître, etc.... parrain, parricide.
CARI... caricature, etc.. carrick, carrière, carriole.
VER..... véritable, etc.... verrat, verrou, verrue, verre, verrin.
TOR. .. toréador, etc.... torrent, torride, torréfier,

BAT..... bataille, etc..... battre.
LUT. .. lutin, etc........ lutte.
PAT.... patate, etc....... patte.
MAT.... matelas, etc..... matte. — (Mathématiques.)
MET.. .. mètre, etc...... mettre. — (Méthode.)
RAT.. .. rature, etc..... rattacher, rattraper.

La finale n'a jamais de lettre doublée pour les mots en :

Excepté pour :

CANE... cane, etc. ...... canne.
LINE.... saline, etc....... colline, coralline, crystalline.
MANE... monomane, etc. manne.
EME..... problême, etc. gemme, dilemme.
UPE..... jupe, etc........ huppe.
ATEUR. amateur, etc.... batteur, flatteur.
MOTE .. escamote, etc... motte, marmotte.
NOTE... gélinote, etc.... linotte, menotte.
VOTE... dévote, etc...... chénevotte.

*Emploi dans les mots d'***H** *initiale muette.*

Habile, Habit, Habiter, Habitude, Hallali, Hameçon, Harmonie, Hebdomadaire, Hébreu, Hécatombe, Hectare, Hectogramme, Hectolitre, Hélas ! Hélice, Héliotrope, Hellénique, Hémérocale, Hémisphère, Hémistiche, Hémorrhagie, Heptagone, Héraldique, Herbe, Héréditaire, Hérésie, Hériter, Hermétiquement, Hermine, Héroïne, Héroïque, Héroïsme, Hésiter, Hétérogène, Heure, Hexaèdre, Hexagone, Hilarité, Hippique, Hippodrome, Hippopotame, Hirondelle, Histoire, Hiver, Holocauste, Homicide, Hommage, Homogène, Honneur, Honnête, Hôpital, Horloge, Horoscope, Horreur, Hortensia, Horticulture, Hospice, Hospitalité, Hostilité, Hôte, Hôtesse, Hôtel, Huissier, Huître, Humain, Humecter, Humble, Humeur, Humide, Humilier, Humus, Hallucination, Herculéen, Hostie.

---

*Emploi dans les mots d'***H** *initiale aspirée.*

Hâbleur, Hache, Hagard, Haie, Haine, Havre, Halage, Halbran, Hâle, Haler, Hâler, Haleter, Halage, Halle, Hallebarde, Hallier, Halte, Hamac, Hameau, Hampe, Hanche, Hangar, Hanneton, Hanter, Harangue, Haras, Harasser, Harceler, Hardes, Hardi, Harem, Hareng, Hargneux, Haricot, Haridelle, Harnacher, Harnais, Haro, Harpie, Harpon, Hâtif, Hauban, Haut, Hautbois, Hâve, Havre, Havre-sac, Hennir, Héraut, Héros, Hère, Hérisson, Hernie, Héron, Herse, Hêtre, Heurter, Hibou, Hideux, Hie, Hiérarchie, Hisser, Hochequeue, Hocher. Holà ! Homard, Hennir, Honte, Hoquet, Horde, Horion, Hormis, Hors, Hotte, Houblon, Houe, Houille, Houle, Houlette, Houppe, Houppelande, Hourdis, Houri, Hourra, Houspiller, Housse, Houssine, Houx, Hoyau, Hublot, Huée, Huche, Huguenot, Huit, Humer, Hune, Huppe, Hure, Hurler, Hussard, Hutte.

---

*Emploi dans les mots d'***H** *intérieure.*

AbHorrer, adHérer, aHurir, anniHiler, appréHender, arrHes, aujourd'Hui, baHut, blockHaus, boHémien, bonHomie, brouHaHa, caHier, caHot, caHute, cartaHu, catarrHe, coHésion, coHorte, coHue, compréHension, daHlia, deHors, désHabillé, désHabitué, désHériter, désHonnête, désHonneur, diarrHée, ébaHissement, éHonté, enHardir, rHume, envaHir, exHalaison, exHaler, exHausser, exHiber, exHorter, exHumer, galHauban, incoHérent, inHospitalier, inHabile, inHabitable, inHérent, inHumain, inHumer, irrépréHensible, jeHovaH, landweHr, maHométan, malHabile malHeur, myrrHe, philHarmonique, pHilHellène, proHiber, prud'Homme, redHibition, réHabiliter, reHausser, répréHensible, rHabiller, rHéteur, rHétorique, rHinocéros, rHododendron, rHombe, rHubarbe, rHum, rHume, rHumatisme, rHythme, silHouette, souHait, spaHi, surHausser, toHu-boHu, traHir, uHlan, véHément, véHicule, wHig, wHist.

*Emploi dans les mots d'***H** *finale.*

AllaH, aH, baH, eH, fellaH, aH ! schaH, almanacH.

*Emploi d'***SC** *dans divers mots.*

AcquieSCer, adoleSCence, aSCendant, aSCension, condeSCendre, conSCience, convaleSCent, dégénéreSCence, deSCeller, deSCendre, diSCerner, diSCiple, diSCipline, efferveSCence, faiSCeau, faSCine, faSCiner, s'immiSCer, incandeSCent, iraSCible, laSCif, miSCellanées, obSCène, oSCiller, phosphoreSCence, piSCiculture, piSCine, plébiSCite, réminiSCence, résipiSCence, ressuSCiter. SCélérat, SCeller, SCène, SCeptre, SCeptique, SCiage, SCience. SCille, SCinder, SCintiller, SCion, SCission, suSCeptible, suSCiter, tranSCendant, veSCe, viSCère.

Remarques pour l'emploi de **PH, RH, SCH, TH, Y,** *dans diverses initiales et finales.*

On trouve toujours TH.., Y, dans les initiales ci-après : TH*éo*.., — *or*TH*o*.., (moins ortolan) — *h*Y*dr*. , — *M*Y*ria*..—

—

On trouve toujours PH., — TH , dans les finales ci après: ..*gra*PH*e*, (moins agrafe,) — ..*gra*PH*ie*, — ..*o*PH*e*, (moins étoffe, lof,)— ..PH*ane* (moins : *fane et profane*),— .*pa*TH*ie*, — ..*s*PH*ère*.

—

On ne trouve PH, RH, SCH, TH, Y, dans les initiales ci-après, que pour les mots entre parenthèses :

FA : (**ph***aéton*, **ph***alange*, **ph***alène*, **ph***armacie*, **ph***ase*, **ph***are*).
FÉ : (**ph**énix, **ph**énomène). FRÉ : (**ph**rénésie, **ph**rénologie).
FIL : (**ph***ilharmonique*, **ph***ilologie*, **ph***ilosophe*, **ph***iltre*).
FO : (**ph***oque*, **ph***osphore*, **ph***otographe*).

RI : (**rh**inocéros, **rh**ythme). RU : (**rh**ume, **rh**umatisme).
CHA : (**sch**ah, **sch**ako, braque. CHI : **sch**isme, **sch**iste).

AT : (a**th**lète, a**th**ée). ANT : (an**th**racite, an**th**ropophage)
AUT : (au**th**entique). CAT : (ca**th**édrale, ca**th**olique).
ET : (é**th**er) LET : (lé**th**argie).
LIT : (li**th**arge). LUT : (lu**th**érien).
MAT : (ma**th**ématiques). MET : (mé**th**ode).
PAT : pa**th**étique, pa**th**os). PANT : (pan**th**éon, pan**th**ère).
TÉ : (**th***é*. **th***éorême*, **th***éâtre*, **th***ême*, **th***éologie*.)
TER : (**th**erm.-al.-idor.-omètre). TÉS : (**th**èse, **th**ésaurier.)

CI, SI : (**cy***maise*, **cy***nique*, **cy***près*, **sy***barite*, **sy***comore*, **sy***métrie* , **sy***nagogue*, **sy***noptique*, **sy***ringa*.)
CIL, SIL: (**cy***lindre*, **sy***llabe*, **sy***lphe*, **sy***lvain*, **sy***lvestre*).
CIM, SIM: (**cy***mbale*, **sy***mbole*, **sy***mpathie*, **sy***mptôme*, **sy***ncope*, **sy***ndic*, **sy***ntaxe*.
CRI : (chr**y**s-alide, .ocale, .anthème) DI : (d**y**namomètre, d**y**nastie).
LIN : (l**y**nx, l**y**mphatique). LI : l**y**re, l**y**cée).
MI : (*m***y***opie*, *m***y***osotis*, *m***y***rrhe*, *m***y***rte* , *m***y***stère*, *m***y***stique*, *m***y***stifier*, *m***y***thologie*.)
POLI : (*pol***y***glotte*, *pol***y***èdre*, *pol***y***pe*, *pol***y***gone*, *pol***y***technique*)

On ne trouve pas PH, RH, TH, Y, Z, *dans les finales ci-après excepté pour les mots entre parenthèses.*

FANT : (éléphant triomphant.) FIN : (dauphin, séraphin.)
FIER : (atrophier, orthographier) FINE : (dauphine, séraphine.)
FIR : (saphir, zéphyr, zéphyre) FON : (siphon, typhon.)
IFE : (*apocryphe, logogryphe,* et ceux en *glyphe.*)

ARE : (catarrhe, arrhes.) IRE : (myrrhe.)
ANTE : (acanthe, menthe.) ASME : (asthme.)
INTE : (*absinthe, jacinthe, plinthe, labyrinthe, térébinthe.*)
ISTHME: (isthme..) TIER : (luthier.)
TINE : (térébenthine.) TISER : (sympathiser.)
TÈSE : (antithèse, parenthèse.) UT : (loth, bismuth.)
TIQUE : (gothique.) TÈME : (thème, anathème.)

IDE : (oxyde.) IGIE : (syzygie.)
IGNE : (cygne.) IPE : (type, polype.)
ILE : (*sibylle, idylle, asyle,* et ceux en *style).*
IME : (azyme, et en onyme.) ION : (amphitryon, alcyon, embryon)
IRE : (*porphyre, martyr, martyre, lyre,* (un) *satyre.*)
ISE : (payse, analyse..) ISIE : (hémoptysie, paralysie)
ISME : (paroxysme, cataclysme.) ISTE : (améthyste.)
ITE : (presbyte, zoophyte, néophyte) ITRE : (élytre.)
ITON : (baryton..) RI : (jury, tilbury, tory.)

ASE : (gaze (la), topaze, gaz (le). SELLE : (gazelle.)
ESE : (*trapèze, mélèze, laize, treize, seize.*)
SAN : (alezan.) SINE : (benzine.)
SAR : (*bazar, czar, lézard, bizarre.*)
SIÈRE : (rizière..) SON : (gazon, horizon.)

On trouve encore :

PH dans : alPHabet, amPHibie, amPHore, asPHalte, asPHodèle, blasPHême, cacoPHonie, camPHre, éPHémère, méPHitique, métamorPHose, métaPHore, oPHicléide, orPHelin, orPHéon, pamPHlet, paraPHe (ou parafe), épitaPHe, cénotaPHe, PHase, emPHase, proPHète, sarcoPHage, anthropoPHage, scaPHandre, sémaPHore, soPHisme, soPHistiquer, triomPHe, troPHée.....

TH dans : THlaspi, apoTHéose, ariTHmétique, biblioTHèque, canTHaride, corinTHien, coTHurne, enTHousiasme, épiTHète, homœopaTHe, misanTHrope, monoliTHe, orniTHologie, orTHodoxe, mammouTH.....

Y dans : corYphée, crYpte, diachYlum, égYptien, encYclopédie, érYsipèle, étYmologie, hYgiène, hYperbole, hYpocrisie, kYrielle, jockeY, panégYrique, papYrus, presbYtère, psYché, oxYgène, pYgmée, stYlet, Yatagan, Yeuse, Yole.....

Z dans : Zagaie, Zèbre, Zéro, Zest, Zibeline, ZigZag, Zinc, ZiZanie, Zodiaque, Zône, Zoologie, douZe, quatorZe, quinZe, quartZ, asseZ, cheZ, neZ, ranZ, riZ, alèZe, amaZone, aZerolier, aZimuth, aZote, beZoard, caneZou, épiZootie, gaZouiller, laZaret, laZuli, luZerne, suZerain, viZir, gaZette.....

CH..Y dans : CHrYsalide,

YCH dans : strYCHnine,

Y..CH dans : YaCHt, polYteCHnique,

CHTHY dans : iCHTHYologie,

CH..Y..TH dans : CHrYsanTHème,

PHTH dans : PHTHisie, oPHTHalmie, aPHTHe,

PH..TH dans : PHilanTHrope, amPHiTHéâtre,

TH..PH dans : anTHropoPHage, liTHograPHe, orTHograPHe,

PHY, dans : PHYsionomie, PHYsique, PHYsiologie, sPHYnx, asPHYxie, néoPHYte, porPHYre.

RHYTH dans : *r*HYTH*me* ...

YPH dans : *cor*YPH*ée*, *hiérogl*YPHe, *t*YPHo*n*, *t*YPH*us*...

Y..PH dans : *n*Y*m*PHe, *h*Y*dro*PH*obie*, *s*Y*l*PHe, *s*Y*m*PH*onie*, *t*Y*pogra*PHe.....

THY dans : THY*m*, THY*rse*, *amé*THY*ste*.....

YTH dans : *m*YTHe, *m*YTH*ologie*, *p*YTH*onisse*.

Y..TH dans : *lab*Y*rin*THe, *s*Y*mpa*TH*ie*, *h*Y*po*TH*èse*.....

Y..Y dans : *s*Y*non*Y*me*.....

YZY dans : *s*YZY*gie* ....

Z..TH dans : Z*éni*TH. ...

ZY dans : *a*ZY*me*.....

YZ dans : *cor*YZ*a*....

Z..PHY dans : Z*é*PH*yr* (le vent), Z*é*PHY*re* (le Dieu), Z*oo*PHY*te*.

On trouve Œ, dans :

Œ*uf*, *b*Œ*uf*, *n*Œ*ud*, *v*Œ*u*, *c*Œ*ur*, *s*Œ*ur*, *ch*Œ*ur*, *m*Œ*urs*, *dés*Œ*uvrement*, *f*Œ*tus*, Œ*il*, Œ*illet*, Œ*illette*, *hom*Œ*opathe*, Œ*uvre*, *man*Œ*uvre*, Œ*cuménique*, Œ*nomètre*.....

Le son semblable à celui du mot **œil** se rend de 2 manières :

Par UEIL après un C ou un G, (l'U toujours avant l'E) :	Par EUIL après une autre lettre qu'un C ou un G (l'E toujours avant l'U):
*or***Gueil**,	*fau***Teuil**,
*je m'enor***Gueil***lis*,	*écu***Reuil**,
*é***Cueil**,	*j'ef***Feuil***le*,
*j'ac***Cueil***le*,...	*t***Reuil**,...

On trouve **IM** à la fin de :

*Thy***M**, *fai***M**, *dai***M**, *essai***M**.....

Remarques pour orthographier le son **SI** *par* **TI**.

Le son **si** s'orthographie par **ti** dans la finale TION : *na*TI*on*, *convic*TI*on*, *déduc*TI*on*...

EXCEPTÉ POUR :

1° *Pas*SI*on*, seul de tous les mots en ATION ;
2° *flu*XI*on* et *suc*CI*on*, seuls de tous les mots en UCTION ;
3° *pen*SI*on*, et autres mots en ENTION (moins : mention et ceux en vention) ;
4° *percus*SI*on*, *concus*SI*on*, *discus*SI*on* .. ;
5° *répul*SI*on*, et autres mots en ULSION ;
6° *ces*SI*on*, et autres mots en ESSION ((moins ceux en crétion) ;
7° *scis*SI*on*, *suspi*CI*on* et *mis*SI*on* et composés, seuls de tous les mots en ITION.
9° *ver*SI*on*, et autres en RSION : *émer*SI*on*, *tor*SI*on* (moins : *por*TI*on*, *asser*TI*on*, *déser*TI*on*, *inser*TI*on*).
10° *fle*XI*on*, *conne*XI*on*, *comple*XI*on*, *anne*XI*on*, *seuls des mots en* ECTION.

Le son **si** se rend encore par **TI**, dans :

*Quo*TI*ent* , *pa*TI*ent* , — *balbu*TI*er*, *ini*TI*er*, — *sa*TI*été*, — *ini*TI*al*, *mar*TI*al*, *nup*TI*al*, *par*TI*al*, — *insa*TI*able*,—*capé*TI*en*, *égyp*TI*en*, *haï*TI*en*, *tribuni*TI*en*, — *confiden*TI*el*, *différen*TI*el*, *essen*TI*el*, *pestilen*TI*el*, *providen*TI*el*, *substan*TI*el*,— *ambi*TI*eux*, *cap*TI*eux*, *dévo*TI*eux* , *minu*TI*eux*, *sédi*TI*eux*, *supers*TI*tieux*, *fac*TI*eux*, — *aristocra*TI*e*, *calvi*TI*e*, *diploma*TI*e*, *facé*TI*e*, *impéri*TI*e*, *inep*TI*e*, *iner*TI*E*, *minu*TI*e*, *péripé*TI*e*, *prophé*TI*e*, *suprema*TI*e*.

Enfin on trouve le son **si**, compris dans XI, pour :

*Asphy*XI*e*, *flu*XI*on* , *fle*XI*on* , *conne*XI*on*, *anne*XI*on*, *comple*XI*on*...

Orthographe de certains mots prononcés tout spécialement.

On orthographie :

1° Le son KE par CH dans : *anaCHorète*, *arCHange*, *arCHéologue*, *bacCHanal*, *bacCHante*, *CHaos*, *CHiragre*. *CHlore*. *CHœur*, *CHoléra*, *CHorégraphie*, *CHoriste*, *CHorus*, *CHrétien*, *CHrist*, *CHronique*, *CHronologie*, *CHronomètre*, *CHrysalide*, *CHrysanthème*, *CHrysocale*, *éCHo*, *ecCHymose*, *fuCHsia*, *liCHen*, *loCH*, *looCH*, *orCHestre*, *polyteCHnique*, *pyroteCHnie*, *teCHnique*, *vareCH*, *yaCHt*, *maCHiavélisme*.

2° Le son **i** par **il** dans : *barIL*, *chenIL*, *fusIL*, *grIL*, *nombrIL*, *outIL*, *persIL*.

3° Le son ME par M dans : *requieM*, *hareM*, *intériM*....

4° Le son ÈNE par EN dans : *lichEN*, *hymEN*, *abdomEN*.....

5° Le son A par E dans : *fEmme*, *indEmnité*, *solEnnel*, *Enivrer*, *Ennoblir*, *Enorgueillir*, *hEnnir*, *cliEnt*, *ingrédiEnt*...

6° Le son OI par OE dans : *pOÊle*, *mOElle*, *mOEllon* ...

7° Le son COU par CU dans : *aQUatique* *éQUateur*, *éQUation*, *QUadruple*, *QUadrupède*, *QUartz*....

8° Le son CU par QU dans : *éQUestre*, *éQUitation*, *liQUéfier*, *QUintuple*, *QUiétude*, *QUiétisme*....

9° Le son ZE par S dans : *balSamine*, *tranSaction*, *tranSiger*, *tranSit*, *tranSition*....

10° Le son CE par S dans : *antiSocial*, *coSinus*, *déSuétude*, *paraSol*, *préSéance*, *soubreSaut*, *vraiSemblable*, *polySyllabe*...

P est nul dans : *domPter*, *promPt*, *ceP*, *baPtême*, *romPs* (je).

Enfin la prononciation figurée entre parenthèses est celle des mots orthographiés comme suit : *août* (oû), *paon* (pan) *eu*, *eûmes*, etc. (u), *gageure* (gajure), *cric* (cri), *legs* (lé), *signet* (siné), *roide* (rède), *toast* (tôste), *whist* (ouiste), *whiskey* (ouiski), *steeple-chase* (stipletchèce), *gentleman* (djentlemane), *faon* (fan), *oignon* (ognon), *punch* (ponche), *rhum* (rome), etc.

Indications pour l'emploi des **Signes Orthographiques.**

a, e, i, o, u sont souvent surmontés de diverses marques :

L'**accent aigu** se place sur l'**e**, qui doit se prononcer *ai* avant une articulation non terminée par le son que l'*e* a, par exemple, dans BE, CE, DE... *chéri*, *ému*, *héros*, excepté pour la finale *ége* : *collége*, *manége*, etc.

L'**accent grave** surmonte un **e** qui doit se prononcer *ai*, avant une articulation terminée par le son que l'E a dans BE, CE, DE..... *scène*, *modèle* , *précède* . . et sur l'*e* des mots terminés par **ès** au singulier : *procès*, *grès*, *près*....

L'**accent circonflexe** surmonte le plus souvent **a, e, i, o, u,** prononcés longuement : *mâture*, *pêle-mêle*, *île* , *trône*, *chûte*.

Les accents distinguent les mots semblables : *châsse* (coffre) *de chasse* (poursuite) ; *tâche* (devoir) *de tache* (salissure) ; *pêcher* (attraper) *de pécher* (faillir) ; *forêt* (bois) *de foret* (outil) ; *côte* (rivage) *de cote* (mesure); *mur* (muraille) *de mûr* (mûri) ; *jeûne* (privation) *de jeune* (pas vieux) ; *dès* (aussitôt) *de des* (plusieurs); *là* (là-bas) *de la* (la.. reine); *où* (dans lequel...) *de ou* (ou bien) ; *dû* (de devoir) *de du* (du... pain) ; *tû* (de taire) *de tu* (tu... sais) ; *crû* (de croître) *de cru* (non cuit); *sûr* (certain) *de sur* (dessus); *mâtin* (gros chien) *de matin* (1re partie du jour) ; *préteur* (dignité) *de prêteur* (qui prête) ...

Le **tréma** surmonte **e, i, u,** s'ils doivent conserver leur son ordinaire : *noël*,.. *faïence*,. *Saül*,. et l'E de GUE prononcé *gu*: *ciguë*, *aiguë*.....

La **cédille** se place sous le **c** quand il ne doit pas avoir le son de *ke* avant **a o, u** : *Français*, *maçon*, *aperçu*....

L'**apostrophe** remplace une des lettres finales **a, e, i,** supprimée au premier de deux mots réunis : *l'âme*, *l'outil*, *s'il vient*,... pour *la âme*, *le outil*, *si il vient*....

Le **trait-d'union** lie certains mots : *dix-sept* , *quatre-vingts*, *très-joli*.....

Règles pour l'emploi des **Grandes lettres.**

Les *grandes lettres* servent à mettre certains mots en relief.
On écrit en commençant par une grande lettre :

1° Les noms (et équivalents) des êtres divins du christianisme :
D*ieu*, *le* **C***réateur*, **J***ésus*-**C***hrist*, *la* **V***ierge*...

2° Les noms de *titres*, de *dignités*, de *qualités sociales*, quand on s'adresse aux personnes :
S*ire*, **M***ajesté*, **G***énéral*, **M***onsieur*, **M***adame*....

3° Un nom particulier de *personnages réels* ou *fictifs* :
J*ules* **F***avre*, **E***ugénie*, **B***acchus*, **V***énus*...

4° Le nom d'un *peuple* ou d'un *individu* de ce peuple :
Les **F***rançais*, *un* **F***rançais* ; *les* **P***olonais*, *un* **P***olonais*...

5° Un nom particulier des *parties de l'Univers* :
La **F***rance*, *les* **A***lpes*, *le* **R***hône*, *la* **V***oie-lactée*...

6° Un nom particulier de *ville*, de *village*, de *hameau* :
R*ochefort*, **T***oulon*, **P***aris*, **M***eudon*...

7° Un nom particulier de *rue*, de *monument*, d'*établissement* :
La rue de **R***ivoli*, *le* **L***ouvre*, *le* **G***rand-hôtel*...

8° Un nom particulier de *navire*, de *fête* :
Le brick le **P***apillon* ; *la* **T***oussaint*, **N***oël*...

9° Un nom particulier d'une *œuvre littéraire*, *musicale*, etc. :
Les **M***isérables*, *le* **C***hâlet*, *la* **M***arseillaise*...

10° Un mot que rien ne précède, ou qui suit un point :
I*l arriva à* **L***orient*. **A** *peine fut-il arrivé que*...

11° Le mot après le :, si l'on cite des paroles :
Un marin disait : « **N***ous avons combattu*...

12° Le 1er mot de chaque ligne d'*une pièce de poésie* :
L*e premier qui régna fut un soldat heureux.*

13° Un nom de *chose* d'un sens relativement important :
Le **T***ravail régit le* **M***onde ; ce monde a du travail.*

REMARQUES SUPPLÉMENTAIRES.

Il aurait mieux valu ne pas employer les mots *passé* et *présent* à propos des **PARTICIPES**, puisque ce sont des variétés d'un temps *indéterminé*, mais ces dénominations sont consacrées par l'usage. (Page 27.)

La dénomination de *futur positif* serait plus expressive que celle de *futur simple*. (Pages 28 et 30.)

ExtravagUant, intrigUant, fatigUant, navigUant.....
Sont participes, et ont pour qualificatifs correspondants
*Extrava***gant**, *intri***gant**, *fati***gant**, *navi***gant**.....

On écrit selon le sens :

S*ensé* (raisonnable).	**C***ensé* (considéré comme ..)
*S***A***in* (salubre, pas altéré.)	*Sain***T** (qui a de la sainteté...)
*Pl***E***in* (rempli...)	*Pl***A***in* (plane, uni.)
*La***I** (laïque.)	*Lai***D** (vilain.)

Le *qualificatif* est toujours au pluriel après *des plus, des moins* :
La position que vous occupez est **des plus BELLES.**

DIFFÉREN**D** est substantif, et DIFFÉREN**T**, qualificatif.

à L'ENV**I** signifie : *à qui mieux mieux...*
Les adultes étudient **à l'envI**.

Entre les voyelles, quand on veut produire le son *ze*, on emploie une seule S ; mais on en emploie deux, si l'on doit représenter le son *ce* : (les voyelles sont *a, e, i, o, u* et *y*.)

*Ro***S***e* (prononcé *roze*) ;	*Poi***S***on* (prononcé *poizon*.)
*Ro***SS***e* (prononcé *roce*) ;	*poi***SS***on* (prononcé *poiçon*.)

Mais entre les lettres autres que les voyelles, on ne trouve jamais deux S ; excepté dans : *tin***sse**, *vin***sse** et composés.

INDEX.

OBSERVATIONS COMPLÉMENTAIRES.

On termine aussi par :
OIX, le féminin *p**oix*** (Page 11.) ; OUX, le pluriel *jouj**oux*** (Page 3.) ; IE, le masculin *mess**ie*** (Page 11.) ; ÈTE, le féminin *compl**ète*** (Page 22.); EU, le qualificatif *hébr**eu*** (Page 24.).

Arrogé ne s'accorde qu'avec le nom de choses qui précède : *Les droits qu'elle s'est arrog**és*** (Page 51.)

Les règles de la page 52 sont applicables quand les infinitifs sont sous-entendus :
*Il a fait les choses qu'il a p**u**, d**û**, voul**u*** (sous-entendu faire)...

On écrit CE, C' avant le verbe *être*, quand il n'est pas possible de supposer *il* ou *elle* avant **ce**, **c'** : ***c****'est mon frère ;* ***ce*** *serait bien*,..

Chaque exemplaire est revêtu de ma signature ; tout contrefacteur sera poursuivi conformément aux lois.

Rochefort — Imprimeries Mercier et Devois, rue des Fonderies 72.

www.ingramcontent.com/pod-product-compliance
Ingram Content Group UK Ltd.
Pitfield, Milton Keynes, MK11 3LW, UK
UKHW021109290826
14628UKWH00014B/1422

9 782329 025919